OUVRAGES DE GEORGES SIMENON
AUX PRESSES DE LA CITÉ

COLLECTION MAIGRET

Mon ami Maigret
Maigret chez le coroner
Maigret et la vieille dame
L'amie de Mme Maigret
Maigret et les petits cochons sans queue
Un Noël de Maigret
Maigret au « Picratt's »
Maigret en meublé
Maigret, Lognon et les gangsters
Le revolver de Maigret
Maigret et l'homme du banc
Maigret a peur
Maigret se trompe
Maigret à l'école
Maigret et la jeune morte
Maigret chez le ministre
Maigret et le corps sans tête
Maigret tend un piège
Un échec de Maigret
Maigret s'amuse
Maigret à New York
La pipe de Maigret et Maigret se fâche
Maigret et l'inspecteur Malgracieux
Maigret et son mort
Les vacances de Maigret
Les Mémoires de Maigret
Maigret et la Grande Perche
La première enquête de Maigret
Maigret voyage
Les scrupules de Maigret
Maigret et les témoins récalcitrants
Maigret aux Assises
Une confidence de Maigret
Maigret et les vieillards
Maigret et le voleur paresseux
Maigret et les braves gens
Maigret et le client du samedi
Maigret et le clochard
La colère de Maigret
Maigret et le fantôme
Maigret se défend
La patience de Maigret
Maigret et l'affaire Nahour
Le voleur de Maigret
Maigret à Vichy
Maigret hésite
L'ami d'enfance de Maigret
Maigret et le tueur
Maigret et le marchand de vin
La folie de Maigret
Maigret et l'homme tout seul
Maigret et l'indicateur
Maigret et Monsieur Charles
Les enquêtes du commissaire Maigret (2 volumes)

LES INTROUVABLES

La fiancée du diable
Chair de beauté
L'inconnue
L'amant sans nom
Dolorosa
Marie Mystère
Le roi du Pacifique
L'île des maudits
Nez d'argent
Les pirates du Texas
La panthère borgne
Le nain des cataractes

ROMANS

Je me souviens
Trois chambres à Manhattan
Au bout du rouleau
Lettre à mon juge
Pedigree
La neige était sale
Le fond de la bouteille
Le destin des Malou
Les fantômes du chapelier
La jument perdue
Les quatre jours du pauvre homme
Un nouveau dans la ville
L'enterrement de Monsieur Bouvet
Les volets verts
Tante Jeanne
Le temps d'Anaïs
Une vie comme neuve
Marie qui louche
La mort de Belle
La fenêtre des Rouet
Le petit homme d'Arkhangelsk
La fuite de Monsieur Monde
Le passager clandestin
Les frères Rico
Antoine et Julie
L'escalier de fer
Feux rouges
Crime impuni
L'horloger d'Everton
Le grand Bob
Les témoins
La boule noire
Les complices
En cas de malheur
Le fils
Le nègre
Strip-tease
Le président
Dimanche
La vieille
Le passage de la ligne
Le veuf
L'ours en peluche
Betty
Le train
La porte
Les autres
Les anneaux de Bicêtre
La rue aux trois poussins
La chambre bleue
L'homme au petit chien
Le petit saint
Le train de Venise
Le confessionnal
La mort d'Auguste
Le chat
Le déménagement
La main
La prison
Il y a encore des noisetiers
Novembre
Quand j'étais vieux
Le riche homme
La disparition d'Odile
La cage de verre
Les innocents

SÉRIE POURPRE

Le voyageur de la Toussaint
La maison du canal
La Marie du port

OUVRAGES DE GEORGES SIMENON

AUX PRESSES DE LA CITÉ (suite)

« TRIO »

I. — La neige était sale — Le destin des Malou — Au bout du rouleau
II. — Trois chambres à Manhattan — Lettre à mon juge — Tante Jeanne
III. — Une vie comme neuve — Le temps d'Anaïs — La fuite de Monsieur Monde
IV. — Un nouveau dans la ville — Le passager clandestin — La fenêtre des Rouet
V. — Pedigree
VI. — Marie qui louche — Les fantômes du chapelier — Les quatre jours du pauvre homme
VII. — Les frères Rico — La jument perdue — Le fond de la bouteille
VIII. — L'enterrement de M. Bouvet — Le grand Bob — Antoine et Julie

PRESSES POCKET

Monsieur Gallet, décédé
Le pendu de Saint-Pholien
Le charretier de la Providence
Le chien jaune
Pietr-le-Letton
La nuit du carrefour
Un crime en Hollande
Au rendez-vous des Terre-Neuvas
La tête d'un homme
La danseuse du gai moulin
Le relais d'Alsace
La guinguette à deux sous
L'ombre chinoise
Chez les Flamands
L'affaire Saint-Fiacre
Maigret
Le fou de Bergerac
Le port des brumes
Le passager du « Polarlys »
Liberty Bar
Les 13 coupables
Les 13 énigmes
Les 13 mystères
Les fiançailles de M. Hire
Le coup de lune
La maison du canal
L'écluse n° 1
Les gens d'en face
L'âne rouge
Le haut mal
L'homme de Londres

A LA N.R.F.

Les Pitard
L'homme qui regardait passer les trains
Le bourgmestre de Furnes
Le petit docteur
Maigret revient
La vérité sur Bébé Donge
Les dossiers de l'Agence O
Le bateau d'Émile
Signé Picpus
Les nouvelles enquêtes de Maigret
Les sept minutes
Le cercle des Mahé
Le bilan Malétras

ÉDITION COLLECTIVE SOUS COUVERTURE VERTE

I. — La veuve Couderc — Les demoiselles de Concarneau — Le coup de vague — Le fils Cardinaud
II. — L'Outlaw — Cour d'assises — Il pleut, bergère... — Bergelon
III. — Les clients d'Avrenos — Quartier nègre — 45° à l'ombre
IV. — Le voyageur de la Toussaint — L'assassin — Malempin
V. — Long cours — L'évadé
VI. — Chez Krull — Le suspect — Faubourg
VII. — L'aîné des Ferchaux — Les trois crimes de mes amis
VIII. — Le blanc à lunettes — La maison des sept jeunes filles — Oncle Charles s'est enfermé
IX. — Ceux de la soif — Le cheval blanc — Les inconnus dans la maison
X. — Les noces de Poitiers — Le rapport du gendarme G. 7
XI. — Chemin sans issue — Les rescapés du « Télémaque » — Touristes de bananes
XII. — Les sœurs Lacroix — La mauvaise étoile — Les suicidés
XIII. — Le locataire — Monsieur La Souris — La Marie du Port
XIV. — Le testament Donadieu — Le châle de Marie Dudon — Le clan des Ostendais

MÉMOIRES

Lettre à ma mère
Un homme comme un autre
Des traces de pas
Les petits hommes
Vent du nord vent du sud
Un banc au soleil
De la cave au grenier
A l'abri de notre arbre
Tant que je suis vivant
Vacances obligatoires
La main dans la main
Au-delà de ma porte-fenêtre
Je suis resté un enfant de chœur
A quoi bon jurer?
Point-virgule
Le prix d'un homme
On dit que j'ai soixante-quinze ans
Quand vient le froid
Les libertés qu'il nous reste
La Femme endormie
Jour et nuit
Destinées
Quand j'étais vieux
Mémoires intimes

MAIGRET
ET LA
GRANDE PERCHE

GEORGES SIMENON

MAIGRET ET LA GRANDE PERCHE

PRESSES DE LA CITÉ

ISBN 2-258-00043-2

CHAPITRE

1

Où Maigret retrouve une ancienne connaissance qui a fait une fin à sa façon et où il est question de Fred-le-Triste et d'une probable dépouille mortelle.

LA FICHE QUE LE garçon de bureau avait fait remplir et qu'il tendait à Maigret portait textuellement:

Ernestine, dite la Grande Perche (ex-Micou, actuellement Jussiaume), que vous avez arrêtée, il y a dix-sept ans, rue de la Lune, et qui s'est mise à p... pour vous faire enrager, sollicite l'honneur de vous parler de toute urgence d'une affaire de la plus haute importance.

Maigret jeta un coup d'oeil en coin au vieux Joseph pour savoir s'il avait lu le billet, mais l'huissier à cheveux blancs restait impassible. Il était probablement le seul, ce matin-là, dans tous les bureaux de la P. J., à ne pas être en bras de chemise, et, pour la première fois après tant d'années, le commissaire se demanda par quelle aberration on obligeait cet homme quasi vénérable à porter au cou une lourde chaîne avec une énorme médaille.

Il y a des jours, comme ça, où l'on se pose des questions saugrenues. Cela tenait peut-être à la canicule. Peut-être aussi à ce que l'atmosphère de vacances empêchait de prendre les choses très au sérieux. Les fenêtres étaient grandes ouvertes et la rumeur de Paris vibrait dans le bureau où, avant l'entrée de Joseph, Maigret était occupé à suivre des yeux une guêpe qui tournait en rond et heurtait le plafond invariablement au même endroit. Une bonne moitié des inspecteurs étaient à la mer ou à la campagne. Lucas portait un panama qui, sur sa tête, prenait des allures de hutte indigène ou d'abat-jour. Le grand patron était parti la veille, comme tous les ans, pour les Pyrénées.

— Saoule? demanda Maigret à l'huissier.

— Je ne crois pas, monsieur Maigret.

Car il arrive à certaines femmes, quand elles ont trop bu, d'éprouver le besoin de faire des révélations à la police.

— Nerveuse?

— Elle m'a demandé si ce serait long, et je lui ai répondu que je ne savais même pas si vous la recevriez. Elle s'est assise dans un coin de la salle d'attente et s'est mise à lire le journal.

Maigret ne se rappelait ni ce nom Micou, ni Jussiaume, ni ce surnom de Grande Perche, mais il gardait un souvenir précis de la rue de la Lune, par un jour très chaud comme aujourd'hui, qui rend le bitume élastique sous les semelles et imprègne Paris d'une odeur de goudron.

C'était là-bas, près de la porte Saint-Denis, une petite rue à Hôtels louches et à boutiques de gaufres et de galette. Il n'était pas encore commissaire à l'époque . Les femmes portaient des robes droites et des cheveux rasés sur la nuque. Afin de se renseigner sur la fille, il avait dû pénétrer dans deux ou trois bars du quartier et, par hasard, il avait bu des pernods. Il en retrouvait presque l'odeur, comme il retrouvait l'odeur d'aisselles et de pieds qui régnait dans le petit hôtel. La chambre était au troisième ou au quatrième étage. Se trompant de porte, il s'était d'abord trouvé face à face avec un nègre qui, assis sur son lit, jouait de l'accordéon, sans doute un musicien de bal musette. Sans se décourager, d'un mouvement du menton, le nègre lui avait désigné la porte voisine.

— Entrez !

Une voix cassée. La voix de quelqu'un qui a trop bu ou trop fumé. Puis, près de la fenêtre donnant sur la cour, une grande fille en peignoir bleu-ciel en train de se faire cuire une côtelette sur une lampe à alcool.

Elle était aussi grande que Maigret, peut-être plus grande. Elle l'avait regardé des pieds à la tête sans s'émouvoir; elle avait dit tout de suite:

— Vous êtes un flic?

Il avait trouvé le portefeuille et les billets de banque au-dessus de l'armoire à glace, et elle n'avait pas bronché.

— C'est ma copine qui a fait le coup.

— Quelle copine?

— Je ne sais pas son nom. On l'appelle Lulu.

— Où est-elle?

— Cherchez-la. C'est votre métier.

— Habillez-vous et suivez-moi.

Ce n'était qu'une affaire d'entôlage, mais on y

attachait, au Quai, une certaine importance, non pas tant à cause de la somme, qui était rondelette, que parce qu'il s'agissait d'un gros marchand de bestiaux des Charentes qui avait déjà mis son député en branle.

— Ce n'est pas vous qui allez m'empêcher de manger ma côtelette !

La chambre, exiguë, ne comportait qu'une seule chaise. Il était resté debout pendant que la fille mangeait, en prenant son temps, sans plus s'occuper de lui que s'il n'avait pas axisté.

Elle devait compter une vingtaine d'années à cette époque. Elle était pâle, avec des yeux sans couleur, un long visage osseux. Il la revoyait ensuite, se tripotant les dents avec une allumette, puis versant de l'eau bouillie sur son café.

— Je vous ai demandé de vous habiller.

Il avait chaud. L'odeur de l'hôtel l'incommodait. Est-ce qu'elle avait deviné qu'il n'était pas à son aise ?

Tranquillement, elle avait retiré son peignoir, sa chemise et sa culotte, et, nue comme un ver, était allée s'étendre sur le lit défait en allumant une cigarette.

— J'attends ! avait-il dit avec impatience en s'efforçant de regarder ailleurs.

— Moi aussi.

— J'ai un mandat d'arrêt.

— Eh bien ! arrêtez-moi.

— Habillez-vous et suivez-moi.

— Je suis très bien comme ça.

La situation était ridicule. Elle était calme, passive, une petite lueur ironique dans ses yeux sans couleur.

— Vous dites que vous m'arrêtez. Moi, je veux

bien. Mais il ne faut pas me demander, par-dessus le marché, de vous aider. Je suis chez moi. Il fait chaud, et j'ai le droit d'être à poil. Maintenant, si vous tenez à ce que je vous suive telle que je suis, je n'y vois pas d'inconvénient.

Dix fois, au moins, il avait répété :

— Habillez-vous !

Et peut-être parce qu'elle avait la peau blême, peut-être à cause du décor sordide, il avait l'impresssion de n'avoir jamais vu de femme aussi nue que celle-là. C'est en vain qu'il lui avait jeté ses vêtements sur le lit, qu'il l'avait menacée, puis avait essayé la persuasion.

En fin de compte, il était descendu pour appeler deux agents, et la scène était devenue grotesque. Il avait fallu, de force, entourer la fille d'une couverture et l'emporter, comme un colis, par l'escalier étroit, tandis que toutes les portes s'ouvraient sur leur passage.

Il ne l'avait pas revue, depuis. Il n'en avait plus entendu parler.

— Faites entrer, soupira-t-il.

Il la reconnut tout de suite. Il lui sembla qu'elle n'avait pas changé. Il retrouvait son long visage pâle, ses prunelles délavées, sa large bouche trop maquillée qui faisait l'effet d'une blessure saignante. Il retrouvait aussi, dans son regard, cette tranquille ironie de ceux qui en ont tant vu que rien n'a plus d'importance à leurs yeux.

Elle portait une robe correcte, un chapeau de paille claire, et elle avait mis des gants.

— Vous m'en voulez toujours ?

Il tira sur sa pipe sans répondre.

— Je peux m'asseoir ? Je savais que vous aviez monté en grade et c'est d'ailleurs pour cela que je n'ai plus eu l'occasion de vous voir. C'est permis de fumer?

Elle tira une cigarette de son sac, l'alluma.

— Que je vous dise tout de suite, sans reproche, que, jadis, c'est moi qui avais raison. J'ai tiré un an que je ne méritais pas. Il existait bien une Lulu, que vous ne vous êtes pas donné la peine de retrouver. Nous étions ensemble quand nous avons rencontré le gros plein aux as. Il nous a emmenées toutes les deux, mais, quand il m'a eu tâtée, il m'a priée de f... le camp parce que les maigres lui donnaient le cafard; j'attendais dans le couloir, quand, une heure plus tard, Lulu m'a passé le portefeuille pour le planquer.

— Qu'est-elle devenue?

— Il y a cinq ans, elle tenait un petit restaurant dans le Midi. Je voulais seulement vous montrer qu'il arrive à tout le monde de se tromper.

— C'est pour cela que vous êtes venue?

— Non. C'est pour vous parler d'Alfred. S'il savait que je suis ici, il prétendrait encore que je suis une gourde. J'aurais pu m'adresser à l'inspecteur Boissier, qui le connaît bien.

— Qui est Alfred?

— Mon mari. Il est réellement mon mari, devant le maire et même devant le curé, car il a gardé de la religion. L'inspecteur Boissier l'a arrêté deux ou trois fois et, l'une des fois, Alfred a tiré cinq ans à Fresnes.

Sa voix était presque rauque.

— Le nom de Jussiaume ne vous dit peut-être rien, mais, quand vous connaîtrez son surnom, vous vous y retrouverez sûrement, on a parlé de lui souvent dans les journaux. C'est Alfred-le-Triste.

— Des coffres-forts?

— Oui.

— Vous vous êtes disputés?

— Non. Je ne viens pas pour ce que vous croyez. Ce n'est pas mon genre. Ainsi vous connaissez Alfred?

Maigret ne l'avait jamais vu, ou, plus exactement, n'avait fait que de l'apercevoir dans les couloirs alors que le cambrioleur attendait d'être interrogé par Boissier. Il se rappelait vaguement un petit homme chétif aux yeux inquiets, et dont les vêtements paraissaient trop larges pour son corps maigre.

— Nous ne le jugeons évidemment pas de la même façon, dit-elle. C'est un pauvre type. Il est plus intéressant que vous ne croyez. Moi qui vis avec lui depuis bientôt douze ans, je commence à le reconnaître.

— Où est-il?

— J'y viens, n'ayez pas peur. J'ignore où il est, mais il s'est mis sans le vouloir dans de sales draps, et c'est pour cela que je suis ici. Seulement il faudrait que vous ayez confiance en moi, et je comprends que c'est beaucoup demander.

Il l'observait avec curiosité, car elle parlait avec une simplicité attachante. Elle ne faisait pas de manières, n'essayait pas de l'impressionner. Si elle mettait un certain temps à arriver au but, c'était réellement parce que ce qu'elle avait à dire était réellement compliqué.

Il subsistait malgré tout une barrière entre elle et lui, et c'était cette barrière qu'elle s'efforçait de franchir, pour qu'il ne se fasse pas d'idées fausses.

D'Alfred-le-Triste, dont il n'avait jamais eu à s'occuper personnellement, Maigret ne savait guère que ce qu'il en avait entendu dans la maison. Le personnage était presque célèbre, et les journaux l'avaient monté en épingle à cause de son pittoresque.

Il avait travaillé longtemps pour la maison Planchart, les fabricants de coffres-forts, et il était un de leurs bons spécialistes. C'était déjà un garçon triste et renfermé, mal portant, qui piquait périodiquement sa crise d'épilepsie.

Boissier pourrait sans doute apprendre à Maigret dans quelles circonstances il avait quitté la maison Planchart.

Toujours est-il qu'au lieu d'installer des coffres-forts il s'était mis à les cambrioler.

— Quand vous l'avez rencontré, il travaillait encore régulièrement?

— Bien sûr que non. Ce n'est pas moi qui l'ai poussé dans le mauvais chemin, si c'est cela que vous avez en tête. Il bricolait, s'embauchait parfois chez un serrurier, mais je me suis vite rendu compte de quoi il retournait.

— Vous ne croyez pas que c'est Boissier que vous devriez voir?

— Il s'occupe des cambriolages, n'est-ce pas? mais c'est vous qui vous occupez des homicides.

— Alfred a tué quelqu'un?

— Ecoutez, monsieur le commissaire, je crois que cela irait plus vite si vous me laissiez parler. Alfred est tout ce qu'on voudra, mais il ne tuerait pas pour tout l'or du monde. Cela paraît stupide de dire cela d'un homme comme lui, mais c'est un sensible qui se met à pleurer pour un oui, pour un non. J'en sais quelque chose. D'autres vous diraient que c'est une chiffe. C'est peut-être parce qu'il est comme ça que je me suis mise à l'aimer.

Et elle le regarda tranquillement. Elle avait prononcé le dernier mot sans appuyer, mais avec une certaine fierté quand même.

— Si on savait tout ce qui se passe dans sa tête, on serait bien étonné. Mais peu importe. Pour vous, ce n'est qu'un voleur. Il s'est fait prendre une fois et a passé cinq ans en cabane. Je n'ai jamais manqué d'aller le voir les jours de visite et, pendant tout ce temps-là, j'ai été forcée de reprendre son métier, quitte à avoir des ennuis, étant donné que je n'étais pas en carte et qu'il en fallait une encore, à cette époque.

» Il espère toujours qu'il réussira un bon coup et que nous pourrons aller vivre à la campagne. C'est son rêve depuis qu'il est tout petit.

— Où habitez-vous?

— Quai de Jemmapes, juste en face de l'écluse Saint-Martin. Vous voyez ça? Nous avons deux chambres au-dessus d'un bistrot peint en vert, et c'est bien pratique à cause du téléphone.

— Alfred y est en ce moment?

— Non. Je vous ai déjà dit que je ne sais pas où il est et vous pouvez me croire. Il a fait un coup, pas la nuit dernière, mais la nuit d'avant.

— Et il s'est enfui?

— Attendez, monsieur le commissaire! Vous verrez tout à l'heure que tout ce que je vous raconte est important. Vous connaissez des gens qui prennent des billets de la loterie nationale à tous les tirages, pas vrai ? Il y en a qui se passent de manger pour en acheter, avec l'idée que, dans quelques jours, ils seront enfin riches. Eh bien ! Alfred, c'est la même chose. Il existe, dans Paris, des douzaines de coffres-forts qu'il a installés et qu'il connaît comme ses poches. En général, quand on achète un coffre-fort, c'est pour y enfermer de l'argent ou des bijoux.

— Il espère tomber sur le gros magot ?

— Exact.

Elle haussait les épaules, comme si elle parlait de la manie inoffensive d'un enfant. Puis elle ajouta :

— Il n'a pas de chance. La plupart du temps, il tombe sur des titres qu'il est impossible de vendre, ou sur des papiers d'affaires. Une seule fois, il y avait vraiment la forte somme, qui lui aurait permis de vivre tranquille le reste de ses jours, et cette fois-là Boissier l'a arrêté.

— Vous étiez avec lui ? C'est vous qui faisiez le guet ?

— Non. Il n'a jamais voulu. Au début, il me disait où il avait l'intention de travailler, et je m'arrangeais pour me trouver à proximité. Quand il s'en est aperçu, il a cessé de me faire des confidences.

— Par crainte que vous soyez prise ?

— Peut-être. Probablement aussi par superstition. Voyez-vous, bien que nous vivions ensemble, c'est un solitaire, et il lui arrive de passer des quarante-huit heures sans prononcer un mot. Quand je le vois partir le soir avec sa bicyclette, je sais ce que cela veut dire.

Maigret se souvenait du détail. On avait appelé,

dans certains journaux, Alfred Jussiaume le-cambrioleur-à-vélo.

— C'est encore une idée à lui. Il prétend que, la nuit, un homme à bicyclette ne se fait pas remarquer, surtout s'il a une boîte à outils pendue à l'épaule. On le prend pour un ouvrier qui se rend à son travail. Vous voyez que je vous parle comme à un ami.

Maigret se demandait encore ce qu'elle était venue faire dans son bureau et, quand elle prit une autre cigarette, il lui tendit une allumette enflammée.

— Nous sommes jeudi. La nuit de mardi à mercredi, Alfred est parti pour faire un coup.

— Il vous l'a annoncé?

— Depuis plusieurs nuits, il s'en allait à la même heure, et c'est un signe. Avant de s'introduire dans une maison ou dans un bureau, il passe parfois une semaine à l'observer pour connaître les habitudes des gens.

— Et pour s'assurer qu'il n'y aura personne dans les locaux?

— Non. Cela lui est égal. Je crois même qu'il préfère travailler où il y a quelqu'un que dans un endroit vide. C'est un homme qui circule sans le moindre bruit. Cent fois il lui est arrivé, la nuit de venir se coucher à côté de moi sans que je m'aperçoive qu'il était rentré.

— Vous savez où il a travaillé l'avant-dernière nuit?

— Tout ce que je sais, c'est que c'est à Neuilly. Et encore, je ne l'ai appris que par hasard. Le jour d'avant, en rentrant, il m'a raconté que la police lui avait réclamé ses papiers et avait dû le prendre pour un sale type parce qu'elle l'avait interpellé au Bois de Boulogne, à l'endroit où des femmes ont l'habitude de faire la retape.

» — Où était-ce? lui ai-je demandé.

» — Derrière le Jardin d'Acclimatation. Je revenais de Neuilly.

» Donc, avant-hier soir, il a emporté sa boîte à outils, et j'ai compris qu'il allait travailler.

— Il n'a pas bu?

— Il ne boit jamais, ne fume pas. Il ne le supporterait pas. Il vit dans la terreur d'une crise et a terriblement honte quand cela lui arrive au beau milieu de la rue, avec des tas de gens qui l'entourent et s'apitoient sur son sort. Il m'a dit avant de partir :

» — Je crois que, cette fois-ci, nous irons vraiment vivre à la campagne. »

Maigret s'était mis à prendre des notes qu'il entourait machinalement d'arabesques.

— A quelle heure a-t-il quitté le quai de Jemmapes?

— Vers onze heures du soir, comme les jours précédents.

— Il a donc dû arriver à Neuilly aux environs de minuit.

— Probablement. Il ne roulait jamais vite, mais, d'autre part, à cette heure-là, il n'y a pas d'encombrement.

— Quand l'avez-vous revu?

— Je ne l'ai pas revu.

— De sorte que vous croyez qu'il lui est arrivé quelque chose?

— Il m'a téléphoné.

— Quand?

— À cinq heures du matin. Je ne dormais pas. J'étais inquiète. S'il craint toujours d'avoir une crise dans la rue, moi, je pense que cela pourrait lui arriver quand il travaille, vous comprenez? J'ai entendu la sonnerie du téléphone dans le bistrot d'en bas. Notre chambre est juste au-dessus. Les patrons ne se sont pas levés. J'ai deviné que c'était pour moi et je suis descendue, j'ai compris à sa voix qu'il y avait un pépin. Il parlait bas.

» — C'est toi?

» — Oui.

» — Tu es seule?

» — Oui. Où es-tu?

» — Près de la gare du Nord, dans un petit café. Écoute, Tine (il m'appelle toujours Tine), il est indispensable que je disparaisse pour un certain temps.

» — On t'a vu?

» — Ce n'est pas cela. Je ne sais pas. Un homme m'a vu, oui, mais je ne suis pas sûr qu'il soit de la police.

» — Tu as l'argent?

» — Non. C'est arrivé avant que j'aie fini.

» — Que s'est-il passé?

» — J'étais occupé avec la serrure quand ma lampe a éclairé un visage dans un coin de la pièce. J'ai cru qu'on était entré sans bruit et qu'on me regardait. Puis je me suis aperçu que les yeux étaient morts. »

Elle observa Maigret.

— Je suis sure qu'il ne m'a pas menti. Si c'était lui qui avait tué, il me l'aurait avoué. Et je ne suis pas en train de vous raconter des histoires. Je le sentais prêt à s'évanouir au bout du fil. Il a tellement peur de la mort...

— Qui était-ce?

— Je l'ignore. Il ne m'a pas fourni beaucoup d'explications. Il était tout le temps sur le point de raccrocher. Il avait peur qu'on l'entende. Il m'a annoncé qu'il allait prendre le train un quart d'heure plus tard...

— Pour la Belgique?

— Probablement, puisqu'il était près de la gare du Nord. J'ai consulté un indicateur. Il y a un train à cinq heures quarante-cinq.

— Vous ne savez pas non plus de quel café il téléphonait?

— Je suis allée hier rôder dans le quartier et j'ai posé quelques questions, sans résultat. Ils ont dû me prendre pour une femme jalouse et ils n'allaient pas me répondre.

— En somme, tout ce qu'il vous a dit, c'est qu'il y avait quelqu'un de mort dans la pièce où il travaillait?

— J'ai pu lui arracher d'autres renseignements. Il a ajouté que c'était une femme, qu'elle avait la poitrine couverte de sang et qu'elle tenait un récepteur de téléphone dans sa main.

— C'est tout?

— Non. Au moment où il allait s'enfuir — et j'imagine dans quel état il se trouvait! — une auto s'est arrêtée devant la grille...

— Il a bien dit devant la grille?

— Oui. Je me souviens du mot, qui m'a frappée. Quelqu'un est descendu et s'est dirigé vers la porte. Pendant que l'homme pénétrait dans le couloir, Alfred est sorti de la maison par la fenêtre.

— Et ses outils?

— Il les a abandonnés. Il avait découpé une vitre pour entrer. De cela, je suis sûre, car c'est son habitude. Je crois qu'il le ferait même si la porte était ouverte, car il est un peu maniaque, ou peut-être superstitieux.

— Donc on ne l'a pas vu?

— Si. Au moment où il traversait le jardin...

— Il a parlé de jardin aussi?

— Je ne l'ai pas inventé. Je dis qu'au moment où il traversait le jardin quelqu'un a regardé par la fenêtre et a braqué sur lui une torche électrique, probablement celle d'Alfred lui-même qu'il n'avait pas ramassée. Il a sauté sur son vélo, s'est éloigné sans se retourner, a roulé jusqu'à la Seine, je ne sais pas où au juste, et y a jeté sa machine, par crainte qu'elle le fasse reconnaître. Il n'osait pas rentrer ici. Il a gagné la gare du Nord à pied et m'a téléphoné, me suppliant de ne rien dire. J'ai insisté pour qu'il ne s'en aille pas. J'ai essayé de le raisonner. Il a fini par me promettre de m'écrire à la poste restante pour me dire où il serait afin que j'aille le rejoindre.

— Il n'a pas encore écrit?

— La lettre n'a pas eu le temps d'arriver. Je suis passée à la poste ce matin. Il y a vingt-quatre heures que je réfléchis. J'ai acheté tous les journaux, croyant toujours qu'ils allaient parler d'une femme assassinée.

Maigret décrocha le téléphone, appela le commissariat de police de Neuilly.

— Allô! Ici la P. J. Vous n'avez aucun meurtre à signaler dans les dernières vingt-quatre heures?

— Un instant. Je vous passe le secrétaire. Je ne suis que le planton.

Maigret insista longtemps.

— Pas de cadavre sur la voie publique? Pas d'alerte de nuit? Pas de corps repêché dans la Seine?

— Absolument rien, monsieur Maigret.

— Personne n'a signalé un coup de feu?

— Personne.

La Grande Perche attendait patiemment, comme une personne en visite, les deux mains jointes sur son sac.

— Vous comprenez pourquoi je suis venue vous trouver?

— Je crois.

— D'abord je pensais que la police avait peut-être vu Alfred et, dans ce cas, rien que son vélo l'aurait trahi. Ensuite, il y a les outils qu'il a laissés derrière lui. Par le fait qu'il a franchi la frontière, on ne croira pas son histoire. Et... il n'est pas plus en sécurité en Belgique ou en Hollande qu'à Paris. J'aime mieux le voir en prison pour tentative de cambriolages, même si cela doit encore aller chercher cinq ans, que de le voir accusé de meurtre.

— L'ennui, répliqua Maigret, c'est qu'il n'y a pas de cadavre.

— Vous croyez qu'il a inventé, ou que c'est moi qui invente?

Il ne répondit pas.

— Il vous sera facile de retrouver la maison où il a travaillé cette nuit-là. Je ne devrais sans doute pas vous révéler ça, mais je suis persuadée que vous y penserez de vous-même. Il s'agit sûrement d'un coffre-fort qu'il a installé autrefois. La maison Planchart doit conserver une liste de ses clients. Il ne doit pas y en avoir tellement, à Neuilly, qui ont acheté un coffre-fort il y a au moins dix-sept ans.

— En dehors de vous, Alfred n'avait pas de petite amie?

— Bon! J'avais prévu cela aussi. Je ne suis pas jalouse et, même si je l'étais, je ne viendrais pas vous raconter de bobards pour me venger, si c'est cela que vous avez en tête. Il n'a pas de petite amie parce qu'il n'en a pas envie, le pauvre. En voudrait-il, c'est moi qui lui en fournirais autant qu'il pourrait en désirer.

— Pourquoi?

— Parce que la vie n'est pas déjà si drôle.

— Vous avez de l'argent?

— Non.

— Qu'est-ce que vous allez faire?

— Je m'en tirerai, vous le savez bien. Si je suis ici, c'est pour qu'on établisse que Fred n'a tué personne.

— S'il vous écrivait, vous me montreriez sa lettre?

— Vous la lirez avant moi. Maintenant que vous savez qu'il doit m'écrire poste restante, vous allez faire surveiller tous les bureaux de poste de Paris. Vous oubliez que je connais la musique.

Elle s'était levée, très grande; elle le regardait, assis à son bureau, de haut en bas.

— Si tout ce qu'on raconte sur vous est vrai, il y a des chances pour que vous me croyiez.

— Pourquoi?

— Parce qu'autrement vous seriez un imbécile. Or vous ne l'êtes pas. Vous allez téléphoner chez Planchart?

— Oui.

— Vous me tiendrez au courant?

Il la regarda sans répondre et se rendait compte qu'il ne pouvait empêcher un sourire amusé de flotter sur ses lèvres.

— Comme vous voudrez, soupira-t-elle. Je pourrais vous aider; vous avez beau en savoir long, il existe des choses que les gens comme nous comprennent mieux que vous.

Ce « nous » désignait évidemment tout un monde, celui dans lequel la Grande Perche vivait, le monde de l'autre côté de la barricade.

— Si l'inspecteur Boissier n'est pas en vacances, je suis sûre qu'il vous confirmera ce que je vous ai dit d'Alfred.

— Il n'est pas en vacances. Il part demain.

Elle ouvrit son sac, en tira un bout de papier.

— Je vous laisse le numéro de téléphone du bistrot d'en bas de chez nous. Si vous avez, par hasard, besoin de venir me voir, n'ayez pas peur que je me déshabille. Maintenant, de préférence, je garde ma robe!

Il y avait une pointe d'amertume dans sa voix, mais pas trop. Tout de suite après, elle se moquait d'elle-même :

— Cela vaut mieux pour tout le monde!

C'est seulement quand il referma la porte derrière elle que Maigret s'aperçut qu'il avait serré tout naturellement la main qu'elle lui tendait. La guêpe tournait toujours en bourdonnant au ras du plafond, comme si elle cherchait une issue sans soupçonner les fenêtres larges ouvertes. Mme Maigret avait annoncé ce matin qu'elle passerait par le marché aux fleurs et lui avait demandé, s'il était libre vers midi, d'aller l'y retrouver. Il était midi. Il hésita, se pencha à la fenêtre d'où il apercevait les taches de couleurs vives derrière le parapet des quais.

Puis il décrocha le téléphone en soupirant.

— Demandez à Boissier de passer me voir.

Dix-sept ans s'étaient écoulés depuis l'aventure saugrenue de la rue de la Lune, et Maigret était maintenant un personnage important à la tête de la brigade des homicides. Une drôle d'idée lui passa par la tête, un désir presque enfantin. Il décrocha le téléphone à nouveau.

— La *Brasserie Dauphine*, s'il vous plaît.

Au moment où la porte livrait passage à Boissier, il prononçait :

— Vous me monterez un pernod...

Et, regardant l'inspecteur qui avait de larges cernes de sueur sur sa chemise, en dessous des bras, il reprit :

— Plutôt deux ! Deux pernods. Merci.

Les moustaches bleuâtres de Boissier, qui était Provençal, eurent un frémissement d'aise, et il alla s'asseoir sur le rebord de la fenêtre en s'épongeant.

CHAPITRE

2

Où on parle un petit peu de l'inspecteur Boissier et davantage d'une maison précédée d'un jardin, d'une grille, et d'une rencontre que fit Maigret devant cette grille.

MAIGRET AVAIT DU prononcer, après avoir bu une gorgée de son pernod :

— Dites donc, mon vieux Boissier, qu'est-ce que vous savez d'Alfred Jussiaume?

— Alfred-le-Triste?

— Oui.

Et tout de suite le front de l'inspecteur s'était rembruni, il avait eu pour Maigret un coup d'oeil en dessous, avait questionné d'une voix qui n'était plus la même, oubliant de savourer son apéritif préféré :

— Il a fait un coup?

Il en était toujours ainsi avec l'inspecteur, Maigret le savait. Il savait aussi pourquoi et, grâce à des précautions infinies, il était le seul à trouver grâce aux yeux de Boissier.

Celui-ci, en réalité, aurait dû être un des leurs, et l'aurait été depuis longtemps si un manque absolu d'orthographe et une écriture primaire ne l'avaient empêché de passer les examens les plus élémentaires.

Pour une fois, cependant, l'administration n'avait pas été trop mal avisée. Elle avait nommé à la tête du service le commissaire Peuchet, une vieille baderne toujours somnolente et, sauf pour la rédaction des rapports, c'était Boissier qui abattait la besogne et dirigeait ses collègues.

Dans ce bureau-là, il n'était pas question d'homicides, comme chez Maigret. On ne s'occupait pas non plus des amateurs, des employés qui filent un beau jour avec la caisse et autres balivernes de ce genre.

Les clients de Boissiers et de ses hommes, c'étaient les professionnels du vol sous toutes ses formes, depuis le voleurs de bijoux, qui descendent dans les grands hôtels des Champs-Elysées, jusqu'aux « casseurs » et aux voleurs à l'esbroufe, qui nichent le plus souvent, comme Jussiaume, dans les quartiers miteux.

Par le fait, c'était un tout autre esprit qu'à la brigade spéciale. Chez Boissier, on était, de part et d'autre, gens de métier. La lutte était une lutte de spécialistes. Il ne s'agissait pas de faire de la psychologie, mais de connaître sur le bout des doigts les manies et les tics de chacun.

Il n'était pas rare de voir l'inspecteur assis paisiblement à une terrasse de café en compagnie d'un monte-en-l'air, et Maigret, par exemple, aurait pu difficilement tenir avec un assassin une conversation de ce genre :

— Dis donc, Julot, voilà bien longtemps que tu n'as travaillé.

» — Comme vous dites, inspecteur.

» — Quand est-ce que je t'ai arrêté pour la dernière fois?

» — Cela doit faire dans les six mois.

» — Les fonds sont en baisse, hein? Je parie que tu prépares quelque chose. »

L'idée qu'Alfred-le-Triste pouvait avoir fait un coup sans qu'il le sût rebroussait le poil de Boissier.

— Je ne sais pas s'il a vraiment travaillé ces jours-ci, mais la Grande Perche sort de mon bureau.

Cela suffit à rassurer l'inspecteur.

— Elle ne sait rien, affirma-t-il. Alfred n'est pas un homme à raconter ses affaires à une femme, même à la sienne.

Le portrait que Boissier se mit à tracer de Jussiaume ne ressemblait pas trop mal à celui qu'en avait fait Ernestine, encore qu'il mît, lui, l'accent sur le côté professionnel.

— Ça me casse les pieds d'arrêter un type comme lui et de l'envoyer en tôle. La dernière fois, quand on lui a flanqué cinq ans, j'avais presque envie d'engueuler son défenseur, qui n'a pas su y faire. C'est un « moindre », cet avocat-là!

Il était difficile de définir exactement ce que Boissier entendait par un « moindre », mais on comprenait fort bien.

— Il n'y en a pas un comme Alfred à Paris pour pénétrer sans bruit dans une maison habitée et pour y travailler sans seulement éveiller le chat. Techniquement, c'est un artiste. En plus, il n'a besoin de personne pour lui refiler des tuyaux, faire le guet et tout le tremblement. Il travaille seul, sans jamais s'énerver. Il ne boit pas, ne parle pas, ne va pas jouer les durs dans les bistrots. Avec ses capacités, il devrait être riche à en crever. Il connaît l'emplacement exact et le mécanisme de quelques centaines de coffres qu'il a installés lui-même et dans lesquels on croirait qu'il n'a qu'à aller puiser. Or, chaque fois qu'il se décide, il tombe sur un bec, ou bien il ramasse des haricots.

Peut-être Boissier ne parlait-il ainsi que parce qu'il voyait en Fred-le-Triste une image de son propre destin, à la différence qu'il jouissait, lui, d'une santé qui résistait à tous les apéritifs ingurgités aux terrasses et aux nuits passées en planques par n'importe quel temps.

— Le plus crevant, c'est que, à supposer qu'on l'envoie en tôle pour dix ans, pour vingt ans, il recommencerait à peine sorti, eût-il alors soixante-dix ans et des béquilles. Il se dit qu'il suffit de réussir une fois, une seule, et que cela lui est dû.

— Il a eu un coup dur, expliqua Maigret. Il paraît qu'au moment d'ouvrir un coffre, quelque part à Neuilly, il s'est aperçu qu'il y avait un cadavre dans la pièce.

— Qu'est-ce que je vous disais? Cela ne pouvait arriver qu'à lui. Alors il a filé? Qu'est-ce qu'il a fait du vélo?

— Dans la Seine.

— Il est en Belgique?

— Probablement.

— Je vais téléphoner à Bruxelles, à moins que vous ne désiriez pas le retrouver.

— Je désire vivement le retrouver.

— Vous savez où cela s'est passé?

— Je sais que c'est à Neuilly et qu'il y a un jardin bordé d'une grille devant la maison.

— Ce sera facile. Je reviens tout de suite.

Maigret eut la gentillesse, en son absence, de commander deux autres pernods à la *Brasserie Dauphine*. Cela lui donnait non seulement des bouffées du temps de la rue de la Lune, mais des bouffées du Midi, en particulier d'un petit caboulot de Cannes où il avait enquêté jadis et, du coup, l'affaire devenait différente des autres, prenait presque l'allure d'un devoir de vacances.

Il n'avait pas formellement promis à Mme Maigret de la rencontrer au marché aux fleurs, et elle savait qu'elle ne devait jamais l'attendre. Boissier revint avec un dossier dont il tira d'abord les photographies anthropométriques d'Alfred Jussiaume.

— Voilà sa tête !

Une tête d'ascète, en somme, bien plus que de voyou. La peau collait aux os, les narines étaient longues et pincées, et le regard avait une intensité quasi mystique.

Même sur ces dures photographies de face et de profil, sans faux col, avec la pomme d'Adam qui saillait, on sentait l'immense solitude de l'homme dont la tristesse n'avait pourtant rien d'agressif.

Né gibier, il trouvait tout naturel d'être chassé.

— Vous désirez que je vous lise ses états de service ?

— Ce n'est pas indispensable aujourd'hui. Je préférerais parcourir le dossier à tête reposée. Ce que je voudrais, c'est la liste.

Ces trois derniers mots firent plaisir à Boissier,

Maigret le savait en les prononçant, car ils constituaient un hommage à l'inspecteur.

— Vous saviez que je l'avais ?

— J'étais sûr que vous l'auriez.

Parce que, en effet, Boissier connaissait son métier. Il s'agissait de la liste, relevée dans les livres de la maison Planchard, des coffres installés du temps d'Alfred Jussiaume.

— Attendez que je cherche à Neuilly. Vous êtes certain que c'est à Neuilly ?

— Ernestine l'assure.

— Dites donc, ce n'est pas si bête de sa part d'être venue vous trouver. Mais pourquoi vous ?

— Parce que je l'ai arrêtée, il y a seize ou dix-sept ans, et qu'elle m'a même joué un vilain tour.

Cela n'étonnait pas Boissier, c'était du métier. Ils étaient l'un et l'autre sur leur terrain. Dans les verres, le pernod aux doux reflets avait déjà parfumé tout le bureau, donnant à la guêpe une sorte de frénésie.

— Une banque... Ce n'est sûrement pas ça... Fred ne s'en est jamais pris aux banques, car il se méfie des avertisseurs électriques... Une compagnie pétrolifère qui n'existe plus depuis dix ans... Un parfumeur... il a fait faillite l'an dernier.

Le doigt de Boissier finit par s'arrêter sur un nom, sur une adresse.

— Guillaume Serre, dentiste, 43 *bis*, rue de la Ferme, à Neuilly. Vous connaissez ? C'est un peu plus loin que le Jardin d'Acclimatation, une rue parallèle au boulevard Richard-Wallace.

— Je connais.

Ils se regardèrent un instant.

— Pressé? questionna Maigret.

En, ce faisant, il savait encore qu'il flattait l'amour-propre de Boissier.

— J'étais en train de classer des dossiers. Je pars demain pour la Bretagne.

— On y va?

— Je prends mon veston et mon chapeau. Je téléphone d'abord à Bruxelles?

— Oui. En Hollande aussi.

— Compris.

Ils firent la route sur la plate-forme d'un autobus. Puis, dans la rue de la Ferme, paisible et provinciale, ils avisèrent un petit restaurant où il y avait quatre tables à la terrasse, entre des plantes vertes, et s'y installèrent pour déjeuner.

On ne comptait dans le bistrot, que trois maçons en blouse blanche qui mangeaient en buvant du vin rouge. Des mouches tournaient autour de Maigret et de Boissier. Plus loin, sur le trottoir opposé, ils apercevaient une grille noire qui devait correspondre au numéro 43 *bis*.

Ils ne se pressaient pas. S'il y avait réellement eu un cadavre dans la maison, l'assassin avait eu plus de vingt-quatre heures pour s'en débarrasser.

Une serveuse en robe noire et en tablier blanc s'occupait d'eux, mais le patron vint les saluer.

— Belle journée, messieurs.

— Belle journée. Est-ce que, par hasard, vous connaîtriez un dentiste dans le quartier?

Un mouvement du menton.

— Il y en a un, là-bas, de l'autre côté de la rue, mais je ne sais pas ce qu'il vaut. Ma femme préfère aller se faire soigner boulevard Sébastopol. Je suppose que celui-ci doit être cher. Il ne vient pas des tas de clients.

— Vous le connaissez?

— Un peu.

Le patron hésitait, les observait tous les deux un bon moment, surtout Boissier.

— Vous êtes de la police, hein?

Maigret préféra dire oui.

— Il a fait quelque chose?

— Nous cherchons seulement quelques informations. Comment est-il?

— Plus grand et plus fort que vous et moi, dit-il, en regardant cette fois le commissaire. Je pèse quatre-vingt-dix-huit et il doit peser dans les cent cinq.

— Quel âge?

— Cinquante ans? Probablement dans ces eaux-là. Pas très soigné, ce qui est assez étonnant pour un dentiste. Un air douteux de vieux célibataire.

— Il n'est pas marié?

— Attendez... Au fait, si je me souviens bien, il s'est marié il y a environ deux ans... Il y a aussi une vieille femme qui vit dans la maison, sa mère, je suppose, qui fait le marché tous les matins...

— Pas de bonne?

— Seulement une femme de ménage. Vous savez, je ne suis pas très sûr. Si je le connais, lui, c'est parce qu'il vient de temps en temps boire un coup en cachette.

— En cachette?

— C'est une façon de parler. Les gens comme lui n'ont pas l'habitude d'entrer dans les bistrots de ce genre-ci. Quand cela lui arrive, il jette inévitablement un regard du côté de sa maison, comme pour s'assurer qu'on ne peut pas le voir.

Et il a l'air honteux en s'avançant vers le comptoir.

» — Un vin rouge ! qu'il dit.

» Jamais rien d'autre. Je sais d'avance que je ne dois pas remettre la bouteille à sa place, parce qu'il va en prendre un second. Il les boit d'un trait, s'essuie la bouche, et la monnaie est déjà prête dans sa main.

— Il est parfois ivre ?

— Jamais. Juste deux verres. Quand il sort, je le vois glisser un cachou ou un clou de girofle dans sa bouche pour éviter que son haleine sente le vin.

— Comment est sa mère ?

— Une petite vieille très sèche, vêtue de noir, qui ne salue personne et ne paraît pas commode.

— Sa femme ?

— Je ne l'ai guère vue que quand ils passent en voiture, mais j'ai entendu dire que c'est une étrangère. Elle est grande et forte comme lui, le teint coloré.

— Vous croyez qu'ils sont en vacances ?

— Attendez. Il me semble que je lui ai encore servi ses deux verres de rouge il y a deux ou trois jours.

— Deux ou trois ?

— Un moment. C'est le soir où le plombier est venu réparer la pompe à bière. Je vais demander à ma femme, pour être sûr de ne pas dire de bêtises.

C'était l'avant-veille, c'est-à-dire le mardi, quelques heures avant qu'Alfred Jussiaume découvrît un cadavre de femme dans la maison.

— Vous vous souvenez de l'heure ?

— Il vient d'habitude vers six heures et demie.

— Il est à pied?

— Oui. Ils possèdent une vieille voiture, mais c'est le moment qu'il fait son tour dans le quartier. Vous ne pouvez pas me dire de quoi il s'agit?

— Il ne s'agit encore de rien. Une vérification.

L'homme ne les croyait pas, son regard le disait clairement.

— Vous reviendrez?

Et, tourné vers le commissaire :

— Vous n'êtes pas M. Maigret, par hasard?

— On vous l'a dit?

— Un des maçons croit vous avoir reconnu. Si c'est vous, ma femme sera bien contente de vous voir, en chair et en os.

— Nous reviendrons, promit-il.

Ils avaient bien mangé, ma foi, et ils avaient bu le calvados que le patron, qui était de Falaise, leur avait offert. Ils marchaient maintenant le long du trottoir, du côté ombragé de la rue. Maigret fumait sa pipe à petites bouffées. Boissier avait allumé une cigarette et deux doigts de sa main droite étaient brunis par le tabac, culottés comme une pipe.

On aurait pu se croire à plus de cent kilomètres de Paris, dans n'importe quelle petite ville. Les hôtels particuliers étaient plus nombreux que les maisons de rapport, et certains n'étaient que de grosses maisons bourgeoises datant d'un siècle ou deux.

Il n'y avait que cette grille-là dans la rue, une grille noire au delà de laquelle une pelouse s'étalait comme un tapis vert sous le soleil. Sur la plaque de cuivre, on lisait :

Guillaume Serre
Chirurgien-Dentiste

Et, en plus petits caractères :

De 2 heures à 5 heures
et sur rendez-vous.

Le soleil frappait en plein la façade, dont il chauffait les pierres jaunâtres et, sauf à deux des fenêtres, les persiennes étaient closes. Boissier sentit que Maigret hésitait.

— Vous y allez ?

Avant de traverser, il jeta un coup d'oeil vers chaque bout de la rue et fronça les sourcils. Boissier regarda dans la direction où s'était fixé le regard de Maigret.

— La Grande Perche ! s'exclama-t-il.

Elle venait du boulevard Richard-Wallace et portait le même chapeau vert que le matin. En apercevant Maigret et l'inspecteur, elle marqua un temps d'arrêt, puis se dirigea carrément vers eux.

— Vous êtes surpris que je sois ici ?

— Vous aviez l'adresse ?

— J'ai téléphoné à votre bureau il y a un peu plus d'une demi-heure. Je voulais vous annoncer que j'avais trouvé la liste. Je savais qu'elle existait quelque part. J'avais vu Alfred la consulter, y tracer des croix. En sortant de votre bureau, ce matin, j'ai pensé à une place où Alfred pouvait l'avoir cachée.

— Où ?

— Je suis obligée de vous le dire ?

— Cela vaudrait mieux.

— Je préfère pas. Pas tout de suite.

— Qu'est-ce que vous avez trouvé d'autre ?

— Comment savez-vous que j'ai trouvé autre chose ?

— Vous n'aviez pas d'argent ce matin et vous êtes venue ici en taxi.

— C'est vrai. Il y avait de l'argent.

— Beaucoup?

— Plus que je m'y attendais.

— Où est la liste?

— Je l'ai brûlée.

— Pourquoi?

— A cause des croix. Elles désignent peut-être les adresses auxquelles Alfred a travaillé et je ne vais quand même pas vous fournir des preuves contre lui.

Elle jeta un coup d'oeil à la façade.

— Vous entrez?

Maigret fit oui de la tête.

— Cela ne vous ennuie pas que je vous attende à la terrasse du bistrot?

Elle n'avait pas adressé la parole à Boissier qui, de son côté, la regardait d'un oeil plutôt sévère.

— Si vous voulez, fit Maigret.

Et, accompagné de l'inspecteur, il passa de l'ombre au soleil, tandis que la haute silhouette d'Ernestine s'éloignait dans la direction de la terrasse.

Il était deux heures dix. Si le dentiste n'était pas parti en vacances, il devait, selon les indications de la plaque de cuivre, se trouver dans son cabinet à la disposition des clients. Il y avait un bouton électrique à droite du portail, Maigret le poussa, le portail s'ouvrit automatiquement. Ils traversèrent le jardinet et trouvèrent un autre bouton à la porte de la maison, dont l'ouverture n'était pas automatique. Après le bruit du timbre à l'intérieur, il y eut un long silence. Les deux hommes tendaient l'oreille, ayant l'un comme l'autre la certitude d'une présence de l'autre côté du panneau, et se regardaient. Enfin une chaîne fut décrochée, le pène joua, une mince fente dessina l'encadrement de la porte.

— Vous avez rendez-vous?

— Nous désirions parler au docteur Serre.

— Il ne reçoit que sur rendez-vous.

La fente ne s'élargissait pas. On devinait, derrière, une silhouette, un maigre visage de vieille femme.

— D'après la plaque de cuivre...

— La plaque est vieille de vingt-cinq ans.

— Voulez-vous annoncer à votre fils que le commissaire Maigret désire le voir?

La porte resta encore un moment immobile, puis le panneau s'écarta; on découvrit un large couloir dallé de noir et blanc qui faisait penser à un couloir de couvent, et la vieille dame qui les fit passer devant elle aurait fort bien pu être habillée en religieuse.

— Excusez-moi, monsieur le commissaire, mais mon fils ne tient pas beaucoup à la clientèle de passage.

Elle n'était pas mal du tout, cette femme. Il y avait même en elle une élégance et une dignité surprenantes. Elle s'efforçait d'effacer par un sourire la mauvaise impression qu'elle avait produite.

— Entrez, je vous en prie. Je vais être obligée de vous faire attendre un moment. Depuis quelques années, mon fils a pris l'habitude, surtout l'été, de faire la sieste, et il est encore couché. Si vous voulez me suivre par ici...

Elle leur ouvrait, à gauche, une porte à deux

battants, en chêne ciré, et Maigret pensait plus que jamais à un couvent ou, mieux encore, à un riche presbytère. Jusqu'à l'odeur, douce et mystérieuse, qui lui rappelait quelque chose; il ne savait pas quoi, il s'efforçait de s'en souvenir. Le salon où on les introduisait ne recevait le jour que par les fentes des persiennes, et, venant du dehors, on y pénétrait comme dans un bain de fraîcheur.

Les bruits de la ville ne semblaient pas pouvoir pénétrer jusqu'ici, et on avait l'impression que rien n'avait changé dans la maison depuis plus d'un siècle, que ces fauteuils de tapisserie, ces guéridons, ce piano et ces porcelaines avaient toujours été à la même place. Jusqu'aux photographies agrandies, sur les murs, dans des cadres de bois noir, qui avaient l'air de photographies du temps de Nadar. L'homme engoncé dans un col de l'autre siècle, au-dessus de la cheminée, portait de larges favoris et, sur le mur d'en face, une femme d'une quarantaine d'années, aux cheveux séparés par une raie, ressemblaient à l'impératrice Eugénie.

La vieille dame, qui aurait presque pu figurer dans un de ces cadres, ne les quittait pas, leur désignait des sièges, joignait les mains comme une bonne soeur.

— Je ne voudrais pas paraître indiscrète, monsieur le commissaire. Mon fils n'a pas de secrets pour moi. Nous ne nous sommes jamais quittés, bien qu'il ait dépassé la cinquantaine. Je n'ai pas la moindre idée de l'objet de votre visite et, avant d'aller l'éveiller, j'aimerais savoir...

Laissant sa phrase en suspens, elle leur partageait un sourire bienveillant.

— Votre fils est marié, je pense?

— Il a été marié deux fois.

— Sa seconde femme est ici?

Une nuance de tristesse passa dans ses yeux, et Boissier se mit à croiser et à décroiser les jambes, ce n'était pas le genre de milieu où il se sentait à l'aise.

— Elle n'y est plus, monsieur le commissaire.

A pas feutrés, elle alla refermer la porte, revint vers eux, s'assit dans le coin d'un canapé, très droite, comme on apprend aux jeunes filles à se tenir dans les couvents.

— J'espère qu'elle n'a pas fait de bêtises? questionna-t-elle à voix basse.

Puis, comme Maigret gardait le silence, elle soupira, se résigna à parler de nouveau.

— Si c'est d'elle qu'il s'agit, j'ai eu raison de vous questionner avant d'éveiller mon fils. C'est à cause d'elle que vous êtes ici, n'est-ce pas?

Est-ce que Maigret fit un léger signe d'assentiment? Il ne s'en rendit pas compte. Il était trop fasciné par l'atmosphère de cette maison et plus encore par cette femme, derrière la douceur de qui il devinait une prodigieuse énergie.

Il n'y avait pas une fausse note en elle, ni dans ses vêtements, ni dans son maintien, ni dans sa voix. On se serait plutôt attendu à la rencontrer dans quelque château ou, mieux dans une de ces vastes maisons de province qui sont comme les musées d'une époque révolue.

— Après son veuvage, il y a quinze ans, mon fils est resté longtemps sans songer à se remarier.

— Il l'a fait, il y a deux ans, si je ne me trompe?

Elle ne marqua aucune surprise de le voir renseigné.

— En effet. Deux ans et demi exactement. Il a épousé une de ses clientes, une personne d'un certain âge, elle aussi. Elle avait alors quarante-sept ans. D'origine hollandaise, elle vivait seule à Paris. Je ne suis pas éternelle, monsieur le commissaire. Telle que vous me voyez, j'ai soixante-seize ans.

— Vous ne les paraissez pas.

— Je sais. Ma mère a vécu quatre-vingt-douze ans et ma grand'mère est morte d'un accident à quatre-vingt-huit.

— Et votre père?

— Il est mort jeune.

Elle disait cela comme si cela n'avait pas d'importance, plus exactement comme si c'était le sort des hommes de mourir jeunes.

— J'ai presque encouragé Guillaume à se remarier en me disant qu'ainsi il ne resterait pas seul.

— Ce mariage a été malheureux?

— On ne peut pas dire ça. Pas au début. Je crois que tout le mal est venu de ce que c'était une étrangère. Il y a des petits riens auxquels on ne s'habitue pas. Je ne sais pas comment vous dire. Tenez! Rien que des questions de cuisine, de préférence pour tel ou tel plat! Peut-être aussi, en épousant mon fils, le croyait-elle plus riche qu'il ne l'est en réalité.

— Elle n'avait pas de fortune?

— Une certaine aisance. Elle n'était pas sans rien, mais, avec le coût grandissant de la vie...

— Quand est-elle morte?

La vieille dame ouvrit de grands yeux.

— Morte?

— Excusez-moi. Je croyais qu'elle était morte. Vous-même en parlez au passé.

Elle sourit.

— C'est vrai. Mais pas pour la raison que vous croyez. Elle n'est pas morte; seulement pour nous, c'est tout comme, elle est partie.

— A la suite d'une dispute?

— Guillaume n'est pas l'homme à se disputer.

— Avec vous?

— Je suis trop vieille pour me disputer encore, monsieur le commissaire. J'en ai trop vu. Je connais trop bien la vie et je laisse chacun...

— Quand a-t-elle quitté la maison?

— Il y a deux jours.

— Elle avait annoncé son départ?

— Mon fils et moi savions qu'elle finirait par s'en aller.

— Elle vous en a parlé?

— Souvent.

— Elle en a donné la raison?

Elle ne répondit pas tout de suite, parut réfléchir.

— Voulez-vous que je vous dise franchement ce que je pense? Si j'hésite, c'est parce que je crains que vous ne vous moquiez de moi. Je n'aime pas parler de ces questions devant les hommes, mais je suppose qu'un commissaire est un peu comme un médecin ou un confesseur.

— Vous êtes catholique, madame Serre?

— Oui. Ma bru était protestante. Cela n'a pas d'importance. Voyez-vous, elle était à l'âge ingrat pour une femme. Nous avons toutes, plus ou moins, une période de quelques années pendant lesquelles nous ne sommes pas nous-mêmes. Un rien nous irrite. Nous nous faisons facilement des idées fausses.

— Je comprends. C'était le cas?

— Cela et d'autres choses, sans doute. A la fin, elle ne rêvait que de sa Hollande natale, passait ses journées à écrire à des amies qu'elle a gardées là-bas.

— Il est arrivé à votre fils d'aller en Hollande avec elle?

— Jamais.

— Elle est donc partie mardi?

— Elle a pris le train de neuf heures quarante à la gare du Nord.

— Le train de nuit?

— Oui. Elle avait passé la journée à faire ses bagages.

— Votre fils l'a accompagnée à la gare?

— Non.

— Elle a appelé un taxi?

— Elle est allée en chercher un au coin du boulevard Richard-Wallace.

— Elle ne vous a pas donné signe de vie?

— Non. Je ne crois pas qu'elle éprouve le besoin de nous écrire.

— Il n'a pas été question de divorce?

— Je vous ai dit que nous sommes catholiques. Mon fils, au surplus, n'a aucune envie de se remarier. Je ne comprends toujours pas ce qui a pu se produire pour que nous recevions la visite de la police.

— Je voudrais vous demander, madame, ce qui s'est exactement passé dans la maison mardi soir.

Un instant. Vous n'avez pas de bonne, n'est-ce pas?

— Non, monsieur. Eugénie, notre femme de ménage, vient chaque jour à neuf heures et reste jusqu'à cinq.

— Elle est ici aujourd'hui?

— Vous êtes tombé sur son jour de congé. Elle viendra demain.

— Elle habite le quartier.

— Elle habite Puteaux, de l'autre côté de la Seine. Juste au-dessus d'une quincaillerie qui est en face du pont.

— Je suppose qu'elle a aidé votre bru à faire ses bagages?

— Elle a descendu les valises.

— Combien de valises?

— Exactement une malle et deux valises en cuir. Il y avait encore une boîte à bijoux et un nécessaire de toilette.

— Eugénie est partie à cinq heures comme d'habitude?

— C'est bien cela. Excusez-moi si vous me voyez troublée, mais c'est la première fois que je suis questionnée de la sorte et je vous avoue...

— Votre fils est sorti ce soir-là?

— Qu'entendez-vous par le soir?

— Mettons un peu avant le dîner.

— Il est allé faire un tour comme d'habitude.

— Je suppose qu'il est allé prendre l'apéritif?

— Il ne boit pas.

— Jamais?

— Juste un verre de vin coupé d'eau à chaque repas. Encore moins ces horreurs qu'on appelle apéritifs.

On eût dit que Boissier, qui se tenait bien

sage dans son fauteuil, reniflait le parfum anisé traînant encore dans sa moustache.

— Nous nous sommes mis à table dès qu'il est rentré. Il fait toujours le même tour. C'est une habitude prise au temps où nous avions un chien qu'il fallait sortir à heures fixes et, ma foi ! il l'a gardée.

— Vous n'avez plus de chien ?

— Depuis quatre ans. Depuis que Bibi est mort.

— Pas de chat ?

— Ma bru avait horreur des chats. Vous voyez ! J'en parle encore au passé et c'est bien parce que nous considérons cette époque-là comme le passé.

— Vous vous êtes mis à table tous les trois ?

— Maria est descendue alors que je venais de servir le potage.

— Il n'y a pas eu de discussion ?

— Aucune. Le repas s'est déroulé en silence. Je savais que Guillaume, malgré tout, était assez ému. Au premier abord, il paraît froid, mais c'est en réalité un garçon hypersensible. Lorsqu'on a vécu intimement avec quelqu'un pendant plus de deux ans...

Maigret et Boissier n'avaient rien entendu. La vieille dame, elle avait l'oreille fine. Elle pencha la tête avec l'air d'écouter. Ce fut un tort, car Maigret comprit, se leva et alla ouvrir la porte : un homme, en effet plus grand, plus large et plus lourd que le commissaire, était là, assez penaud, qui devait écouter depuis un certain temps.

Sa mère n'avait pas menti quand elle avait prétendu qu'il faisait la sieste. Ses cheveux rares, en désordre, étaient collés à son front et il avait passé un pantalon sur sa chemise blanche dont le col demeurait ouvert. Il était en pantoufles de tapisserie.

— Entrez, monsieur Serre, dit Maigret.

— Je vous demande pardon. J'ai entendu du bruit. J'ai pensé...

Il parlait sans hâte, en les couvant l'un après l'autre d'un regard lourd et lent.

— Ces messieurs sont de la police, expliqua sa mère en se levant.

Il ne posa pas de questions, les regarda à nouveau, boutonna sa chemise.

— Mme Serre nous disait que votre femme est partie avant-hier.

Cette fois, ce fut vers la vieille dame qu'il se tourna, les sourcils froncés. Son grand corps était mou, comme son visage, mais à l'encontre de beaucoup de gros, il ne donnait pas une impression de légèreté. Sa peau était mate, très pâle, il avait des touffes de poils bruns dans les narines, dans les oreilles, et d'énormes sourcils broussailleux.

— Qu'est-ce que ces messieurs désirent exactement? demanda-til en détachant les syllabes.

— Je ne sais pas.

Et Maigret fut assez embarrassé. Boisier, de son côté, se demanda comment le commissaire allait s'en tirer. Ce n'étaient pas des gens à qui on peut le faire à la chansonnette.

— A vrai dire, monsieur Serre, c'est tout à fait incidemment que, dans la conversation, il a été question de votre femme. Votre mère nous a appris que vous faisiez la sieste, et nous avons bavardé en vous attendant. Si vous nous voyez ici, mon collègue et moi — ce mot collègue faisait tellement plaisir à Boissier! — c'est que nous avons lieu de croire que vous avez été victime d'une tentative de cambriolage.

Serre n'était pas homme à détourner les yeux. Au contraire, il regardait Maigret avec l'air de vouloir lire au fond de sa pensée.

— Qu'est-ce qui vous a donné cette idée?

— Il nous arrive de recevoir des informations confidentielles.

— Je suppose que vous parlez des indicateurs?

— Mettons que ce soit cela.

— Je regrette, messieurs.

— Vous n'avez pas été cambriolé?

Si je l'avais été, je n'aurais pas manqué d'en informer moi-même le commissaire de police.

Il n'essayait pas de se montrer aimable. Pas une fois il n'avait eu l'ombre d'un sourire.

— Vous possédez bien un coffre-fort?

— Je suppose que c'est mon droit de ne pas vous répondre. Je ne vois pourtant pas d'inconvénient à vous dire que j'en ai un.

Sa mère s'efforçait de lui adresser des signes, probablement pour lui conseiller d'être moins revêche.

Il s'en rendait compte et n'en faisait qu'à sa tête.

— Si je ne me trompe, il s'agit d'un coffre-fort Planchart, qui a été installé voilà dix-huit ans.

Il ne se troubla pas. Il restait debout, tandis que Maigret et Boissier étaient assis dans la pénombre, et Maigret remarqua qu'il avait le même menton épais que l'homme du portrait, les mêmes sourcils. Le commissaire essaya, par jeu, de l'imaginer avec des favoris.

— Je ne me souviens pas de la date de son installation, et cela ne regarde personne.

— J'ai constaté, en entrant, que la porte est munie d'une serrure de sûreté et d'une chaîne.

— C'est le cas de beaucoup de portes.

— Vous couchez au premier étage, votre mère et vous?

Serre fit exprès de ne pas répondre.

— Votre bureau et votre cabinet sont au rez-de-chaussée?

Au mouvement de la vieille dame, Maigret comprit que c'étaient les pièces qui faisaient suite au salon.

— Voulez-vous m'autoriser à y jeter un coup d'oeil?

Il hésita, ouvrit la bouche, et Maigret eut la certitude que c'était pour dire non. Sa mère le sentit aussi, car elle intervint.

— Pourquoi ne pas accéder au désir de ces messieurs? Ils verront par eux-mêmes qu'il n'y a pas eu de cambriolage.

L'homme haussa les épaules, l'air toujours aussi têtu, aussi boudeur, et il évita de les suivre dans les pièces voisines.

Mme Serre les introduisit d'abord dans un bureau vieillot et paisible comme le salon. Derrière une chaise à fond de cuir noir, se dressait un gros coffre-fort peint en vert sombre, d'un modèle assez ancien. Boissier s'en approcha, passa une main professionnelle sur le métal.

— Vous voyez que tout est en ordre, dit la vieille. Il ne faut pas en vouloir à mon fils de sa mauvaise humeur, mais...

Elle se tut en voyant celui-ci, debout dans

l'encadrement de la porte, les regarder du même oeil farouche.

Puis, désignant les livres reliés qui emplissaient les rayons, elle reprit, dans un effort d'amabilité :

— Ne vous étonnez pas de trouver surtout des livres de droit. Cela vient de la bibliothèque de mon mari, qui était avoué.

Elle ouvrit une dernière porte. Et le décor, ici, était plus familier, c'était celui du cabinet de consultation de n'importe quel dentiste, avec son fauteuil articulé et les instruments habituels. Jusqu'à mi-hauteur de la fenêtre, les vitres étaient dépolies.

En repassant par le bureau, Boissier se dirigea vers une des fenêtres, sur laquelle il laissa encore traîner ses doigts, puis il adressa un signe d'intelligence à Maigret.

— Il y a longtemps que ce carreau a été remplacé? questionna alors celui-ci.

Ce fut la vieille qui répondit sans hésiter :

— Il y a quatre jours. La fenêtre était ouverte lors du fameux orage dont vous devez vous souvenir.

— Vous avez fait venir le vitrier?

— Non.

— Qui a remis le carreau?

— Mon fils. Il aime bricoler. C'est toujours lui qui fait ces petites réparations dans la maison.

Alors Guillaume Serre prononça avec une pointe d'impatience :

— Ces messieurs n'ont aucun droit de nous importuner, maman. Ne répondez plus.

Elle s'arrangea pour lui tourner l'épaule et

pour adresser à Maigret un sourire qui voulait dire :

— Ne faites pas attention. Je vous ai prévenus.

Elle les reconduisit jusqu'à la porte, tandis que son fils restait debout au milieu du salon, et elle leur souffla en se penchant :

— Si vous avez besoin de me parler, venez me voir quand il n'est pas là.

Ils se retrouvèrent dans le soleil, qui leur colla tout de suite à la peau. La grille franchie — son léger grincement faisait penser à une grille de couvent, ils aperçurent sur le trottoir d'en face le chapeau vert d'Ernestine assise à la terrasse du bistrot.

Maigret hésita. Ils auraient pu tourner à gauche et l'éviter. Ils avaient presque l'air, en la rejoignant, d'aller lui rendre des comptes.

Peut-être par une sorte de pudeur, le commissaire grommela :

— On va prendre un demi?

L'air interrogateur, elle les regardait s'avancer.

CHAPITRE

3

Où Ernestine met pudiquement une robe de chambre et où la vieille dame de Neuilly rend visite à Maigret.

QU'EST-CE QUE TU AS fait aujourd'hui? demanda Mme Maigret, alors qu'ils se mettaient à table devant la fenêtre ouverte.

Dans les maisons d'en face aussi on voyait les gens manger, avec, partout, les mêmes taches claires formées par la chemise des hommes qui avaient retiré leur veston. D'aucuns, qui avaient déjà dîné, étaient accoudés à leur fenêtre. On entendait des musiques de radio, des cris de bébé, des éclats de voix. Devant certains seuils, les concierges avaient apporté leurs chaises.

— Rien d'extraordinaire, répondit Maigret. Une histoire de Hollandaise qui a peut-être été assassinée, mais qui est peut-être en vie quelque part.

Il était trop tôt pour en parler. En somme, il s'était comporté paresseusement. Ils avaient traîné longtemps à la petite terrasse de la rue de la

Ferme, Boissier, Ernestine et lui, et, des trois, c'était Ernestine la plus excitée.

Elle s'indignait :

— Il a prétendu que ce n'était pas vrai?

Le patron leur avait apporté des demis.

— En réalité, il n'a rien dit. C'est sa mère qui a parlé. Lui, il nous a plutôt flanqués à la porte.

— Il affirme qu'il n'y avait pas de corps dans le bureau?

Elle s'était évidemment renseignée auprès du marchand de vins sur les habitants de la maison à la grille.

— Alors pourquoi n'a-t-il pas averti la police qu'on avait essayé de le cambrioler?

— D'après lui, personne n'a essayé de le cambrioler.

Elle devait connaître les habitudes d'Alfred-le-Triste.

— Il ne manquait pas de carreau à une fenêtre?

Boissier regarda Maigret comme pour lui conseiller de se taire, mais le commissaire n'y fit pas attention.

— Un carreau a été récemment remplacé; il paraît qu'il a été cassé il y a quatre ou cinq jours, le soir de l'orage.

— Il ment.

— Il y a sûrement quelqu'un qui ment.

— Vous pensez que c'est moi?

— Je n'ai pas dit ça. Cela pourrait être Alfred.

— Pourquoi m'aurait-il raconté cette histoire au téléphone?

— Peut-être ne l'a-t-il pas racontée, intervint Boissier en la regardant avec attention.

— Pour quelle raison l'aurais-je inventée? Vous pensez ça aussi, monsieur Maigret?

— Je ne pense rien du tout.

Il souriait vaguement. Il était bien, quasi béat. La bière était fraîche, et l'ombre avait du goût, comme à la campagne, peut-être à cause de la proximité du Bois de Boulogne.

Une après-midi de paresse. Ils avaient bu deux demis. Puis, pour ne pas abandonner la fille si loin du centre de Paris, ils l'avaient prise dans leur taxi et l'avaient déposée au Châtelet.

— Téléphonez-moi dès que vous recevrez une lettre.

Il sentait qu'il la décevait, qu'elle l'avait imaginé autrement. Elle devait se dire qu'il avait vieilli, était devenu comme les autres et ne s'occuperait que mollement de son affaire.

— Vous voulez que je retarde mes vacances? avait proposé Boissier.

— Je suppose que votre femme a fait les bagages?

— Ils sont déjà à la gare. Nous devrions partir par le train de six heures demain matin.

— Avec votre fille?

— Bien entendu.

— Partez.

— Vous n'aurez pas besoin de moi?

— Vous m'avez confié le dossier?

Une fois seul dans son bureau, il faillit bien faire la sieste dans son fauteuil. La guêpe n'était plus là. Le soleil était passé de l'autre côté du quai. Lucas était en vacances depuis midi. Il appela Janvier, qui, lui, avait pris son congé le premier, en juin, à cause d'un mariage quelque part dans sa famille.

— Assieds-toi. J'ai du travail pour toi. Tu as terminé ton rapport?

— Je viens juste de le finir.

— Bon! Prends note. D'abord il faudrait rechercher, à la mairie de Neuilly, le nom de jeune fille d'une Hollandaise qui, il y a deux ans et demi, a épousé un certain Guillaume Serre, domicilié, 43 *bis*, rue de la Ferme.

— Facile.

— Probablement. Elle devait vivre à Paris depuis un certain temps. Tu essayeras de savoir où, ce qu'elle faisait, quelle est sa famille, sa fortune, etc...

— Compris, patron.

— Elle aurait soi-disant quitté la maison de la rue de la Ferme mardi, entre huit et neuf heures du soir, et aurait pris le train de nuit pour la Hollande. Elle serait allée elle-même quérir un taxi au coin du boulevard Richard-Wallace pour transporter ses bagages.

Janvier écrivait des mots en colonne sur une page de son calepin.

— C'est tout?

— Non. Fais-toi aider afin de gagner du temps. Je voudrais qu'on interroge les gens du quartier, les fournisseurs, etc., au sujet des Serre.

— Combien sont-ils?

— La mère et le fils. La mère a près de quatre-vingts ans et le fils est dentiste. Tu essayeras de retrouver le taxi. Questionne aussi le personnel de la gare et du train.

— Je peux disposer d'une des voitures?

— Tu peux.

Quant à lui, c'est à peu près tout ce qu'il avait fait cette après-midi-là. Il avait demandé la communication avec la police belge, qui possédait le signalement d'Alfred-le-Triste, mais ne l'avait pas encore trouvé. Il eut également une longue conversation avec le commissaire qui visait les passeports à la frontière, à Jeumont. Celui-ci avait visité personnellement le train qu'Alfred était censé avoir pris et ne se souvenait d'aucun voyageur ressemblant au spécialiste des coffres-forts.

Cela ne voulait rien dire. Il fallait attendre. Maigret signa un certain nombre de pièces au lieu et place du directeur, alla prendre l'apéritif à la *Brasserie Dauphine*, en compagnie de son collègue des renseignements généraux, et rentra chez lui en autobus.

— Qu'est-ce qu'on fait? demanda Mme Maigret, une fois la table desservie.

— On va faire un tour.

Ce qui voulait dire qu'ils allaient marcher sans se presser jusqu'aux Grands Boulevards pour finir par s'asseoir à une terrasse. Le soleil était couché. L'air devenait plus frais, avec encore des bouffées chaudes qui semblaient émaner des pierres du trottoir. Les baies de la brasserie étaient ouvertes, et un maigre orchestre faisait de la musique. La plupart des consommateurs restaient là comme eux sans parler, devant leur guéridon, à regarder les passants, et la pénombre brouillait de plus en plus les visages. Puis les globes électriques leur donnèrent un autre aspect.

Comme les autres couples, ils se dirigèrent vers leur logement, la main de Mme Maigret accrochée au bras de son mari.

Après quoi ce fut une nouvelle journée, un soleil aussi clair que la veille.

Au lieu de se rendre directement à la P. J., Maigret fit un crochet par le quai de Jemmapes, reconnut le bistrot peint en vert, près de l'écluse Saint-Martin, avec les mots « Casse-croûte à toute heure », et alla s'accouder au comptoir.

— Un vin blanc.

Ensuite, il posa la question. L'Auvergnat qui le servait n'hésita pas.

— Je ne sais pas au juste quelle heure il était, mais on a téléphoné. Il faisait déjà jour. Ni ma femme ni moi ne nous sommes levés, car, à cette heure-là, ça ne pouvait pas être pour nous. Ernestine est descendue. Je l'ai entendue qui parlait longtemps.

C'était au moins un point sur lequel elle n'avait pas menti.

— A quelle heure Alfred est-il parti, la veille?

— Peut-être onze heures? Peut-être plus tôt? Ce dont je me rappelle, c'est qu'il avait son vélo.

Une porte donnait directement du bistrot dans le couloir, d'où un escalier conduisait aux étages. Le mur de l'escalier était passé à la chaux, comme à la campagne. On entendait le vacarme d'une grue qui déchargeait le sable d'une péniche un peu plus loin.

Maigret frappa à une porte qui s'entrouvrit; Ernestine, parut en combinaison et dit simplement :

— C'est vous!

Puis elle alla tout de suite prendre, sur le lit défait, une robe de chambre qu'elle enfila.

Est-ce que Maigret sourit en se souvenant de l'Ernestine de jadis?

— Vous savez, c'est plutôt par charité ! précisa-t-elle. Ce n'est plus très beau à voir.

La fenêtre était ouverte. Il y avait un géranium rouge-sang. La couverture du lit était rouge aussi. Une porte était ouverte sur une petite cuisine, d'où sortait une bonne odeur de café.

Il ne savait pas exactement ce qu'il était venu faire.

— Il n'y avait rien à la poste restante, hier soir ?

Elle répondit, soucieuse :

— Rien.

— Vous ne trouvez pas curieux qu'il n'ait pas écrit ?

— Peut-être qu'il se méfie. Il doit être étonné de ne rien voir dans les journaux. Il se dit probablement que je suis surveillée. J'allais partir pour le bureau de poste.

Une vieille malle traînait dans un coin.

— Ce sont ses affaires ?

— Les siennes et les miennes. A nous deux, on ne possède pas lourd.

Puis, le regardant d'un air significatif :

Vous avez envie de fouiller ? Mais si ! Je comprends. Il faut le faire. Vous trouverez certains outils, car il en avait en double, ainsi que deux vieux complets, quelques robes et du linge.

Tout en parlant, elle vidait le contenu de la malle sur le plancher, ouvrait les tiroirs d'une commode.

— J'ai réfléchi. J'ai compris ce que vous disiez hier. Il faut bien que quelqu'un ait menti. Ou ce sont ces gens-là, la mère et le fils, ou c'est Alfred, ou c'est moi. Vous n'avez pas plus de raisons de nous croire les uns que les autres.

— Alfred n'a pas de famille à la campagne?

— Il n'a plus de famille du tout. Il ne connaissait que sa mère, et il y a vingt ans qu'elle est morte.

— Vous n'êtes jamais allés ensemble quelque part en dehors de Paris?

— Jamais plus loin que Corbeil.

Il ne devait pas s'être réfugié à Corbeil. C'était trop près. Maigret commençait à penser qu'il ne s'était pas rendu en Belgique non plus.

— Il n'y a pas un endroit dont il parlait, qu'il avait envie de visiter un jour?

— Il disait la campagne, sans préciser. Pour lui, cela signifiait tout.

— Vous êtes née à la campagne, vous?

— Près de Nevers, dans un hameau qu'on appelle Saint-Martin-des-Prés.

Elle prit dans un tiroir une carte postale qui représentait l'église du village, avec, en face, une mare qui servait d'abreuvoir.

— Vous la lui avez montrée?

Elle comprit. Les filles comme Ernestine comprennent vite.

— Cela m'étonnerait qu'il soit là-bas. Il était vraiment près de la gare du Nord quand il m'a téléphoné.

— Comment le savez-vous?

— J'ai retrouvé le bar, hier soir. C'est dans la rue de Maubeuge, près d'un marchand de valises. Cela s'appelle le *Bar du Levant*. Le patron se souvient de lui parce que c'était son premier client de la journée. Il venait d'allumer le percolateur quand Alfred est entré. Vous ne voulez pas une tasse de café?

Cela l'ennuya de refuser, mais il venait de boire du vin blanc.

— Il n'y a pas d'offense.

Il eut de la peine à trouver un taxi dans le quartier, se fit conduire au *Bar du Levant.*

« Un petit maigre, à l'air triste, qui avait les yeux rouges comme s'il avait pleuré », lui dit-on.

C'était bien Alfred Jussiaume, qui avait souvent les paupières bordées de rouge.

« Il a parlé longtemps au téléphone, a bu deux cafés sans sucre et s'est dirigé vers la gare en regardant autour de lui comme s'il craignait d'être suivi. Il a fait un mauvais coup? »

Il était dix heures quand Maigret monta enfin l'escalier de la P. J., où il y avait toujours comme un brouillard de poussière dans le soleil. Contre son habitude, il ne jeta pas un coup d'oeil à travers les vitres de la salle d'attente et passa par le bureau des inspecteurs, qui était presque vide.

— Janvier n'est pas arrivé?

— Il est venu vers huit heures et est reparti. Il a laissé un mot sur votre bureau.

Ce mot disait :

La femme s'appelle Maria Van Aerts. Elle a cinquante et un ans et est d'origine de Sneek, en Frise hollandaise. Je vais à Neuilly, où elle a habité dans une pension de famille, rue de Longchamp. Pas encore retrouvé le taxi. Vacher s'occupe de la gare.

Joseph, le garçon de bureau, ouvrait la porte.

— Je ne vous avais pas vu entrer, monsieur Maigret. Une dame vous attend depuis une demi-heure.

Il tendit une fiche, sur laquelle la vieille Mme Serre avait tracé son nom d'une petite écriture pointue.

— Je la fais entrer?

Maigret remit son veston qu'il venait de retirer, alla ouvrir la fenêtre, bourra une pipe et s'assit.

— Faites entrer, oui.

Il se demandait quelle allait être son allure hors du cadre de sa maison, mais, à sa surprise, elle ne détonnait pas du tout. Elle n'était pas vêtue de noir, comme la veille; elle portait une robe à fond blanc sur laquelle il y avait des dessins sombres. Son chapeau n'était pas ridicule. Elle s'avançait avec aisance.

— Vous vous attendiez un peu à ma visite, n'est-ce pas, monsieur le commissaire?

Il ne s'y attendait pas et évita de le lui dire.

— Asseyez-vous, madame.

— Merci.

— La fumée ne vous gêne pas?

— Mon fils fume le cigare toute la journée. J'ai été tellement confuse, hier, de la façon dont il vous a reçu! J'ai essayé de vous faire signe de ne pas insister, car je le connais.

Elle était sans nervosité, prenait son temps pour parler, adressait parfois à Maigret comme un sourire complice.

— Je crois que c'est moi qui l'ai mal élevé. Voyez-vous, je n'ai que cet enfant-là, et, quand mon mari est mort, il n'avait que dix-sept ans. Je l'ai gâté. Guillaume était le seul homme dans la maison. Si vous avez des enfants...

Maigret la regardait en essayant de l'imaginer et n'y parvenait pas. Pourquoi demanda-t-il :

— Vous êtes née à Paris?

— Dans la maison où vous êtes venu hier.

C'était une coïncidence de trouver dans une enquête deux personnes nées à Paris. Presque toujours, les gens auxquels il avait affaire se rattachaient plus ou moins directement à la province.

— Et votre mari?

— Son père, avant lui, était déjà avoué rue de Tocqueville, dans le XVIIe.

Et de trois! Pour finir par l'atmosphère si parfaitement provinciale de la maison de la rue de la Ferme!

— Nous avons presque toujours vécu tous les deux, mon fils et moi, et je suppose que c'est ce qui l'a rendu un peu sauvage.

— Je croyais qu'il avait été marié une première fois.

— Il l'a été. Sa femme n'a pas vécu longtemps.

— Combien d'années après leur mariage est-elle morte?

Elle ouvrit la bouche; il comprit qu'une pensée soudaine la faisait hésiter. Il eut même l'impression de voir une légère rougeur monter à ses joues.

— Deux ans, dit-elle enfin. C'est curieux, n'est-ce pas? Voilà seulement que cela me frappe. Avec Maria aussi, il a vécu deux ans.

— Qui était sa première femme?

— Une personne d'excellente famille, Jeanne Devoisin, que nous avons rencontrée un été à Dieppe, à l'époque où nous y allions tous les ans.

— Elle était plus jeune que lui?

— Attendez. Il avait trente-deux ans. Elle était à peu près du même âge. Elle était veuve.

— Elle n'avait pas d'enfant?

— Non. Je ne lui ai pas connu de famille, en dehors d'une soeur vivant en Indochine.

— De quoi est-elle morte?

— D'une crise cardiaque. Elle avait le coeur faible et passait le plus clair de son temps chez les médecins.

Elle sourit à nouveau :

— Je ne vous ai pas encore dit pourquoi je suis ici. J'ai failli vous téléphoner hier, quand mon fils est allé faire sa promenade quotidienne, puis j'ai pensé qu'il serait plus correct de vous rendre visite. Je tiens à m'excuser de l'attitude de Guillaume à votre égard et à vous dire que sa mauvaise humeur ne s'adressait pas à vous personnellement. Il a un caractère assez farouche.

— Je m'en suis aperçu.

— A l'idée que vous puissiez le soupçonner d'une action malhonnête... Il était déjà ainsi tout enfant...

— Il m'a menti?

— Pardon?

Le visage de la vieille dame exprimait un sincère étonnement.

— Pourquoi vous aurait-il menti? Je ne comprends pas. Vous n'avez pour ainsi dire pas posé de questions. C'est justement pour répondre à celles que vous voudriez me poser que je suis venue. Nous n'avons rien à cacher. J'ignore à la suite de quelles circonstances vous vous occupez de nous. Il doit y avoir un malentendu, ou une vengeance de quelque voisin.

— Quand le carreau a-t-il été brisé?

— Je vous l'ai dit, ou mon fils vous l'a dit, je ne sais plus : lors de l'orage de la semaine dernière. J'étais au premier étage et je n'avais pas eu le temps de fermer toutes les fenêtres quand j'ai entendu des éclats de verre.

— C'était en plein jour?

— Il devait être six heures du soir.

— De sorte que la femme de ménage, Eugénie, n'était plus chez vous?

— Elle nous quitte à cinq heures, je crois vous l'avoir expliqué aussi. Je n'ai pas avoué à mon fils que je venais vous trouver. J'ai pensé que vous aimeriez peut-être visiter la maison, et ce serait facile quand il n'y est pas.

— Vous voulez dire pendant sa promenade de fin d'après-midi?

— Oui. Vous vous rendrez compte qu'il n'y a rien à cacher chez nous et que, sans le caractère de Guillaume, tout aurait été éclairci dès hier.

— Vous remarquerez, madame Serre, que vous êtes venue ici de vous-même.

— Mais oui.

— C'est vous aussi qui me demandez de vous poser des questions.

Elle hocha affirmativement la tête.

— Nous allons donc reprendre les évènements à partir du dernier repas que vous avez fait ensemble, vous, votre fils et votre bru. Les bagages de votre bru étaient prêts. A quel endroit de la maison se trouvaient-ils?

— Dans le couloir.

— Qui les avait descendus?

— Eugénie avait descendu les valises, et mon fils s'était chargé de la malle, trop lourde pour elle.

— C'est une très grosse malle?

— Ce qu'on appelle une malle-cabine. Avant

on mariage, Maria voyageait beaucoup. Elle a vécu en Italie et en Egypte.

— Qu'est-ce que vous avez mangé?

La question parut l'amuser et la surprendre.

— Attendez! Comme c'est moi qui m'occupe de la cuisine, je vais m'en souvenir. Un bouillon de légumes, d'abord. Nous mangeons toujours du bouillon de légumes, par hygiène. Ensuite j'avais des maquereaux grillés et de la purée de pommes de terre.

— Comme dessert?

— Une crème au chocolat. Oui. Mon fils a toujours adoré la crème au chocolat.

— Aucune discussion ne s'est élevée à table? A quelle heure le repas s'est-il terminé?

— Vers sept heures et demie. J'ai rangé la vaisselle dans l'évier et suis montée.

— De sorte que vous n'avez pas assisté au départ de votre belle-fille?

— Je n'y tenais pas. Ce sont des moments pénibles et je préfère éviter les émotions. Je lui ai dit au revoir en bas, dans le salon. Je ne lui en veux pas. Chacun a son caractère et...

— Où était votre fils pendant ce temps-là?

— Dans son bureau, je crois.

— Vous ignorez s'il a eu une dernière conversation avec sa femme?

— C'est improbable. Elle est remontée. Je l'ai entendue dans sa chambre qui s'apprêtait.

— Votre maison est bâtie en matériaux solides, comme la plupart des vieilles maisons. Je suppose que, du premier étage, il est difficile d'entendre les bruits du rez-de-chaussée?

— Pas pour moi, répondit-elle avec une moue.

— Que voulez-vous dire?

— Que j'ai l'oreille fine. Une lame de parquet ne craque pas dans une pièce sans que je l'entende.

— Qui est allé chercher le taxi?

— Maria, je vous l'ai dit hier.

— Elle est restée longtemps dehors?

— Assez longtemps. Il n'existe pas de station à proximité et il faut attendre le passage d'une voiture en maraude.

— Vous êtes allée à la fenêtre?

Elle hésita imperceptiblement.

— Oui.

— Qui a porté la malle jusqu'au taxi?

— Le chauffeur.

— Vous ne savez pas à quelle compagnie appartenait l'auto?

— Comment le saurais-je?

— De quelle couleur était-elle?

— D'un brun rougeâtre, avec un écusson sur la portière.

— Vous vous rappelez le chauffeur?

— Pas très bien. Il me semble qu'il était petit et plutôt gros.

— Comment votre bru était-elle habillée?

— Elle portait une robe mauve.

— Pas de manteau?

— Elle l'avait sur le bras.

— Votre fils se trouvait toujours dans le bureau?

— Oui.

— Que s'est-il passé ensuite? Vous êtes descendue?

— Non.

— Vous n'êtes pas allée voir votre fils?

— C'est lui qui est monté.

— Tout de suite?

— Peu de temps après le départ du taxi.

— Il était ému?

— Il était comme vous l'avez vu. Son caractère est plutôt sombre. Je vous ai expliqué que c'est en réalité un sensible que les moindres événements affectent.

— Il savait que sa femme ne reviendrait pas?

— Il s'en doutait.

— Elle le lui avait dit?

— Pas précisément. Elle l'avait laissé entendre. Elle parlait du besoin de se changer les idées, de revoir son pays. Une fois là, vous comprenez...

— Qu'avez-vous fait ensuite?

— Je me suis arrangé les cheveux pour la nuit.

— Votre fils était dans votre chambre?

— Oui.

— Il n'est pas sorti de la maison?

— Non. Pourquoi?

— Où gare-t-il sa voiture?

— A cent mètres de chez nous, où d'anciennes écuries ont été transformées en garages particuliers. Guillaumme a loué un de ces garages.

— De sorte qu'il peut prendre et rentrer sa voiture sans être vu?

— Pourquoi se cacherait-il?

— Il est redescendu?

— Je l'ignore. Je crois. Je me couche de bonne heure, et il a l'habitude de lire jusqu'à onze heures du soir ou minuit.

— Dans son bureau?

— Ou dans sa chambre.

— Sa chambre est près de la vôtre?

— A côté de la mienne. Une salle de bains nous sépare.

— Vous l'avez entendu se coucher?

— Certainement.

— A quelle heure?

— Je n'ai pas allumé.

— Ensuite vous n'avez entendu aucun bruit?

— Aucun.

— Je suppose que, le matin, vous descendez la première?

— L'été, je descends à six heures et demie.

— Vous avez fait le tour des pièces?

— Je me suis rendue d'abord dans la cuisine pour mettre l'eau à chauffer, puis j'ai ouvert les fenêtres, car c'est le moment où l'air est encore frais.

— Vous êtes donc entrée dans le bureau?

— Probablement.

— Vous ne vous en souvenez pas?

— C'est à peu près sûr.

— La vitre cassée était déjà remplacée?

— Je le suppose... oui...

— Vous n'avez remarqué aucun désordre dans la pièce?

— Aucun, sinon des bouts de cigares, comme toujours, dans les cendriers, peut-être un livre ou deux à la traîne. Je ne sais pas ce qui se passe, monsieur Maigret. Comme vous le voyez, je réponds franchement à vos questions. Je suis venue au-devant d'elles.

— Parce que vous êtes inquiète?

— Non. Parce que je suis gênée de la façon dont Guillaume vous a reçu. Et aussi parce que je devine quelque chose de mystérieux derrière votre visite. Les femmes ne sont pas comme les hommes. Du temps de mon mari, par exemple, s'il y avait la nuit, un bruit dans la maison, il ne bougeait pas de son lit et c'était moi qui allais voir. Vous me comprenez? Il en est probablement ainsi avec votre femme. Au fond, c'est un peu pour la même raison que je suis ici. Vous avez parlé de cambriolage. Vous paraissez préoccupé au sujet de Maria.

— Vous n'avez pas reçu de ses nouvelles?

— Je ne compte pas en recevoir. Vous cachez certains faits et cela m'intrigue. Comme pour les bruits nocturnes, je prétends qu'il n'existe pas de mystère, qu'il suffit de regarder les choses en face pour qu'elles deviennent toutes simples.

Elle le regardait, sûre d'elle, et Maigret avait un peu l'impression qu'elle le considérait comme un enfant, comme un autre Guillaume. Elle semblait dire :

« — Avouez-moi ce que vous avez sur le coeur. N'ayez pas peur. Vous verrez que tout s'expliquera. »

Lui aussi la regarda bien en face.

— Un homme s'est introduit chez vous cette nuit-là.

Les yeux de la vieille dame étaient incrédules, avec un rien de commisération, comme s'il avait encore cru aux loups-garous.

— Pour quoi faire?

— Pour cambrioler le coffre-fort.

— Il l'a fait?

— Il est entré dans la maison en découpant la vitre pour ouvrir la fenêtre.

— La vitre que la tempête avait déjà cassée? Sans doute l'a-t-il remise ensuite?

Elle refusait toujours de prendre ce qu'il disait au sérieux.

— Qu'a-t-il emporté?

— Il n'a rien emporté, parce qu'à certain moment sa torche électrique a éclairé un objet qu'il ne s'attendait pas à trouver dans la pièce.

Elle souriait.

— Quel objet?

— Le cadavre d'une femme d'un certain âge qui pourrait bien être celui de votre belle-fille.

— Il vous a dit ça?

Il regarda les mains gantées de blanc qui ne tremblaient pas.

— Pourquoi ne demandez-vous pas à cet homme de venir me répéter ses accusations?

— Il n'est pas à Paris.

— Vous ne pouvez pas le faire venir?

Maigret préféra ne pas répondre. Il n'était pas trop content de lui. Il commençait à se demander s'il ne subissait pas, lui aussi, l'influence de cette femme qui avait la sérénité protectrice d'une Mère supérieure.

Elle ne se levait pas, ne s'agitait pas, ne s'indignait pas non plus.

— J'ignore de qui il s'agit et je ne vous le demande pas. Sans doute avez-vous de bonnes raisons de croire en cet homme. C'est un cambrioleur, n'est-ce pas? Je ne suis, moi, qu'une vieille femme de soixante-dix-huit ans qui n'a jamais fait de mal à personne.

» Permettez-moi, à présent que je sais cela, de vous prier instamment de venir chez nous. Je vous ouvrirai toutes les portes, vous montrerai tout ce que vous désirez voir. Et mon fils, lorsqu'il sera au courant, ne manquera pas, de son côté, de répondre à vos questions.

» Quand viendrez-vous, monsieur Maigret? »

Cette fois, elle était debout, toujours à son

aise, et il n'y avait rien d'agressif en elle, à peine une pointe d'amertume.

— Peut-être cet après-midi. Je ne sais pas encore. Votre fils s'est servi de l'auto, ces derniers jours?

— Vous le lui demanderez, voulez-vous?

— Il est chez vous en ce moment?

— C'est probable. Il y était quand je suis partie.

— Eugénie aussi?

— Elle y est sûrement.

— Je vous remercie.

Il la reconduisit à la porte. Au moment de l'atteindre, elle se retourna.

— Je vais solliciter une faveur, dit-elle d'une voix douce. Quand je serai partie, essayez un instant de vous mettre à ma place, en oubliant que vous avez passé votre vie à vous occuper de crimes. Figurez-vous que c'est à vous qu'on pose soudain les questions que vous m'avez posées, que c'est vous qu'on soupçonne d'avoir tué quelqu'un de sang-froid.

C'était tout. Elle ajoutait seulement :

— A cet après-midi, monsieur Maigret.

La porte refermée, il resta un bon moment immobile près du chambranle. Puis il alla regarder à la fenêtre, ne tarda pas à voir la vieille dame marcher à pas menus, en plein soleil, dans la direction du pont Saint-Michel.

Il décrocha le téléphone.

— Passez-moi le commissariat de police de Neuilly.

Il se fit mettre en communication non avec le commissaire, mais avec un inspecteur qu'il connaissait.

— Vanneau? Ici, Maigret. Je vais bien, merci. Ecoute-moi. C'est délicat. Tu vas sauter dans une voiture et te rendre au 43 *bis*, rue de la Ferme.

— Chez le dentiste? Janvier, qui est passé ici hier soir, m'en a parlé. Il s'agit d'une Hollandaise, n'est-ce pas?

— Peu importe. Le temps presse. Le type n'est pas commode, et je ne veux pas demander de mandat à ce moment. Il s'agit d'agir vite, avant que sa mère rentre.

— Elle est loin?

— Au pont Saint-Michel. Je suppose qu'elle va prendre un taxi.

— Qu'est-ce que je fais de l'homme?

— Tu l'emmènes, sous un prétexte quelconque. Raconte-lui ce que tu voudras, que tu as besoin de son témoignage...

— Ensuite?

— Je serai là. Le temps de descendre et de sauter dans une auto.

— Et si le dentiste n'est pas chez lui?

— Tu guetteras dehors et tu lui mettras la main dessus avant qu'il rentre.

— Pas très légal, hein?

— Pas du tout.

Comme Vanneau allait raccrocher, il ajouta :

— Prends quelqu'un avec toi et mets-le en faction en face d'écuries transformées en garage qui se trouvent dans la même rue. Un des garages est loué par le dentiste.

— Compris.

L'instant d'après, Maigret descendait l'escalier à pas rapides et s'installait dans une des voitures de la police qui stationnait dans la cour.

Comme l'auto tournait dans la direction du Pont-Neuf, il eut l'impression d'apercevoir le chapeau vert d'Ernestine. Il n'en fut pas sûr et préféra ne pas perdre de temps. Au fond, il céda plutôt à un mouvement de mauvaise humeur contre la Grande Perche.

Le Pont-Neuf franchi, il s'en repentit, mais il était trop tard.

Tant pis pour elle ! Elle l'attendrait.

CHAPITRE

4

Où il s'avère que tous les interrogatoires ne se ressemblent pas et où les opinions d'Eugénie ne l'empêchent pas de faire une déclaration catégorique.

LE COMMISSARIAT DE police était situé au rez-de-chaussée de la mairie, un vilain bâtiment carré au milieu d'un terre-plein aux arbres maigres, avec le drapeau sale qui pendait. Maigret aurait pu entrer directement, de l'extérieur, dans les bureaux des inspecteurs; pour éviter de tomber tout de suite nez à nez avec Guillaume Serre, il fit des détours par les couloirs pleins de courants d'air, où il ne tarda pas à se perdre.

Ici aussi régnait le relâchement de l'été. Portes et fenêtres étaient ouvertes, des papiers frémissaient sur les meubles dans les pièces vides, tandis qu'ailleurs des employés en bras de chemise se racontaient des histoires de plage et que de rares contribuables erraient, découragés, en quête d'un cachet ou d'une signature.

Maigret aperçut enfin un agent de police qui le reconnut.

— L'inspecteur Vanneau?

— Deuxième couloir à gauche, troisième porte dans le couloir.

— Voulez-vous aller me le chercher. Il doit y avoir quelqu'un dans son bureau. Ne citez pas mon nom à voix haute.

Vanneau, quelques instants plus tard, le rejoignit.

— Il est là?

— Oui.

— Comment cela s'est-il passé?

— Ni bien ni mal. J'avais eu soin de me munir d'une convocation du commissariat. J'ai sonné. Une bonne m'a ouvert et j'ai demandé à voir son patron. On ma laissé attendre quelques minutes dans le couloir. Puis le type est descendu, et je lui ai tendu le papier. Il l'a lu, m'a regardé sans rien dire.

» — Si vous voulez m'accompagner, j'ai une voiture à la porte.

» Haussant les épaules, il a décroché au portemanteau un panama qu'il s'est mis sur la tête et m'a suivi.

» Il est maintenant assis sur une chaise. Il n'a toujours pas desserré les dents. »

Quelques instants plus tard, Maigret pénétrait dans le bureau de Vanneau, y trouvait Serre qui fumait un cigare, très noir. Le commissaire alla s'asseoir à la place de l'inspecteur.

— Je vous demande pardon de vous avoir dérangé, monsieur Serre, mais j'aimerais que vous répondiez à quelques questions.

Comme la veille, l'énorme dentiste le regardait lourdement, et il n'y avait aucune sympathie dans ses yeux sombres. Maigret, soudain, sut à quoi l'homme le faisait penser : à un Turc comme on en voyait jadis sur les images. Il en avait l'embompoint, le poids apparent, sans doute aussi la force probable. Car, malgré sa graisse, il donnait l'impression d'être très fort. Il avait également le calme dédaigneux des pachas qui ornent les paquets de cigarettes.

Au lieu de faire un signe d'assentiment, de prononcer une formule de politesse, voire de protester, Serre tira un papier jaunâtre de sa poche, y jeta un coup d'oeil.

— J'ai été convoqué par le commissaire de police de Neuilly, dit-il. J'attends de savoir ce que me veut ce commissaire.

— Dois-je comprendre que vous refusez de me répondre ?

— Catégoriquement.

Maigret hésita. Il en avait vu de toutes sortes, des malabars, des têtus, des obstinés, des retors, mais personne ne lui avait jamais répondu avec une volonté aussi tranquille.

— Je suppose qu'il est inutile d'insister ?

— C'est mon avis.

— Ou d'essayer de vous démontrer que votre attitude ne plaide pas en votre faveur ?

Cette fois, son interlocuteur se contenta d'un soupir.

— Fort bien. Attendez. Le commissaire de police va vous recevoir.

Maigret alla trouver celui-ci, qui ne comprit pas tout de suite ce qu'on attendait de lui et ne s'y prêta qu'avec mauvaise grâce. Son bureau était plus confortable, presque luxueux en comparaison des autres locaux, et il y avait une pendule en marbre sur la cheminée.

— Faites entrer M. Serre ! dit-il au planton.

Il lui désigna une chaise à fond de velours rouge.

— Asseyez-vous, monsieur Serre. Il s'agit d'une vérification, et je n'abuserai pas de votre temps.

Le commissaire de police consulta un papier qu'on venait de lui apporter.

— Vous êtes bien le propriétaire d'une voiture qui porte le numéro minéralogique RS 8822L ?

Le dentiste approuva de la tête. Maigret était allé s'asseoir sur le rebord de la fenêtre et le regardait avec l'air de réfléchir profondément.

— Cette voiture est toujours en votre possession ?

Nouveau signe d'assentiment.

— Quand vous en êtes-vous servi pour la dernière fois ?

— Je suppose que j'ai le droit de savoir ce qui me vaut ces questions ?

Le commissaire de police s'agita sur sa chaise. Il n'aimait pas du tout la tâche que Maigret lui avait confiée.

— Supposons que votre voiture ait été l'objet d'un accident...

— L'a-t-elle été ?

— Supposons que son numéro nous ait été signalé comme celui d'une auto qui aurait renversé quelqu'un ?

— Quand ?

Le fonctionnaire jeta à Maigret un regard de reproche.

— Mardi soir.

— Où ?

— A proximité de la Seine.

— Ma voiture n'est pas sortie du garage mardi soir.

— Quelqu'un peut s'en être servi à votre insu.

— Je ne le pense pas. Le garage est fermé à clef.

— Vous affirmez que vous n'avez pas utilisé votre auto mardi soir, ni plus tard dans la nuit?

— Où sont les témoins de l'accident?

Nouveau regard de détresse du commissaire de police à Maigret. Celui-ci, comprenant que cela ne mènerait nulle part, lui fit signe de ne pas insister.

— Je n'ai pas d'autres questions à vous poser, monsieur Serre. Je vous remercie.

Le dentiste se leva, eut l'air, un instant de remplir le bureau de sa masse, mit son panama sur sa tête et sortit après avoir lancé un long regard à Maigret.

— J'ai fait ce que j'ai pu. Vous avez vu.

— J'ai vu.

— Cela vous a fourni une indication?

— Peut-être.

— C'est un homme à nous chercher des ennuis. Il connaît ses droits.

— Je sais.

On aurait dit que Maigret imitait malgré lui le dentiste. Il avait le même air sombre et lourd. Il se dirigea à son tour vers la porte.

— Que lui reproche-t-on, Maigret?

— Je ne sais pas encore. Il est possible qu'il ait tué sa femme.

Il alla remercier Vanneau et se retrouva dehors, où la voiture de la P. J. l'attendait. Avant d'y monter, il but un verre au bar du coin et, se voyant dans la glace, il se demanda quelle tête il aurait avec un panama. Après quoi il sourit drôlement à l'idée que c'était en quelque sorte une lutte de poids lourds qui s'engageait.

Il dit au chauffeur :

— Prenez par la rue de la Ferme.

Non loin du 43 *bis*, ils aperçurent Serre qui marchait le long du trottoir à grands pas un peu mous. Comme certains gros, il tenait les jambes écartées. Il fumait toujours son long cigare. En passant devant le garage, il avait dû remarquer l'inspecteur qui s'y trouvait en faction et qui n'avait aucun endroit pour se cacher.

Maigret hésita à arrêter l'auto devant la maison à la grille noire. A quoi bon ? On ne le laisserait probablement pas entrer.

Ernestine l'attendait dans la salle vitrée du quai des Orfèvres. Il l'introduisit dans son bureau.

— Vous avez du nouveau ? questionna-t-elle.

— Rien du tout.

Il était de mauvaise humeur. Elle ignorait que cela ne lui déplaisait pas d'être de mauvaise humeur au début d'une affaire difficile.

— Moi, j'ai reçu une carte, ce matin. Je vous l'ai apportée.

Elle lui tendit une carte postale en couleurs qui représentait l'hôtel de ville du Havre. Elle ne comportait pas de texte, pas de signature, rien que l'adresse de la Grande Perche à la poste restante.

— Alfred ?

— C'est son écriture.

— Il ne s'est pas rendu en Belgique ?

— On le dirait. Il a dû se méfier de la frontière.

— Vous croyez qu'il va essayer de s'embarquer?

— Je ne le pense pas. Il n'a jamais mis les pieds sur un bateau. Je vais vous poser une question, monsieur Maigret, mais il faut que vous me répondiez franchement. A supposer qu'il revienne à Paris, qu'arriverait-il?

— Vous voulez savoir si on l'arrêterait?

— Oui.

— Pour la tentative de cambriolage?

— Oui.

— On ne pourrait pas l'arrêter, puisqu'il n'a pas été pris en flagrant délit et que, d'autre part, Guillaume Serre ne porte pas plainte, nie même qu'on se soit introduit chez lui.

— Donc on le laisserait tranquille?

— A moins qu'il n'ait menti et qu'il ne se soit passé autre chose.

— Je peux le lui promettre?

— Oui.

— Dans ce cas, je vais insérer une annonce. Il lit tous les jours le même journal, à cause des mots croisés.

Elle l'observa un moment.

— On dirait que vous n'avez pas confiance.

— En quoi?

— En l'affaire. En vous. Je ne sais pas. Vous avez revu le dentiste?

— Il y a une demi-heure.

— Qu'est-ce qu'il a dit?

— Rien.

Elle non plus n'insista pas et profita de ce que le téléphone sonnait pour prendre congé.

— Qu'est-ce que c'est? grogna Maigret dans l'appareil.

— C'est moi, patron. Je peux aller chez vous?

Quelques secondes plus tard, Janvier entrait dans le bureau, frétillant, en homme content de lui.

— J'ai des tas de tuyaux. Je vous les donne tout de suite? Vous avez un moment?

Sa pétulance fut un peu atténuée par l'attitude de Maigret, qui venait de retirer son veston et qui tirait sur sa cravate pour libérer son gros cou.

— Je suis allé d'abord à la pension de famille dont je vous ai parlé. Cela ressemble à certains hôtels de la rive gauche, avec des palmiers dans le hall et de vieilles dames assises dans des fauteuils de rotin. Il n'y avait guère de clients de moins de cinquante ans. Surtout des étrangères, des Anglaises, des Suisses et des Américaines qui visitent les muséees et écrivent des lettres interminables.

— Ensuite?

Maigret connaissait le genre. Ce n'était pas la peine d'insister.

— Maria Van Aerts y a vécu un an. On se souvient d'elle, car elle était populaire dans la maison. Il paraît qu'elle était fort gaie et riait tout le temps en secouant son énorme poitrine. Elle se bourrait de pâtisserie, assistait à toutes les conférences de la Sorbonne.

— C'est tout? fit Maigret avec l'air de dire qu'il ne voyait pas pourquoi Janvier se montrait si excité.

— Elle écrivait presque chaque jour des lettres de huit à dix pages.

Le commissaire haussa les épaules, puis regarda l'inspecteur d'un oeil plus intéressé. Il comprenait.

— Toujours à la même personne, une amie, de pension qui habite Amsterdam et dont j'ai le nom. Cette amie est venue la voir, une fois. Elles ont partagé la même chambre pendant trois semaines. Je suppose qu'une fois mariée Maria Serre a continué à lui écrire. L'amie s'appelle Gertrude Oosting, c'est la femme d'un brasseur. Il ne doit pas être difficile de trouver son adresse.

— Téléphone à Amsterdam.

— Vous voudriez les lettres ?

— Les dernières, si possible.

— C'est ce que j'ai pensé. Bruxelles est toujours sans nouvelles d'Alfred-le-Triste.

— Il est au Havre.

— Je téléphone au Havre ?

— Je le ferai moi-même. Qui est libre, à côté ?

— Torrence est rentré au bureau ce matin.

— Envoie-le-moi.

Un poids lourd, lui aussi, qui ne passait pas inaperçu sur le trottoir d'une rue déserte.

— Tu vas aller te planquer rue de la Ferme, à Neuilly, en face du 43 *bis*, une maison précédée d'un jardinet et d'une grille. Pas besoin de te cacher. Au contraire. Si tu vois sortir un type plus grand et plus large que toi, suis-le ostensiblement.

— C'est tout ?

— Arrange-toi pour te faire remplacer une partie de la nuit. Il y a un homme de Neuilly en faction un peu plus loin, devant le garage.

— Si le type part en auto ?

— Prends une voiture de la maison et range-la au bord du trottoir.

Il n'eut pas le courage de rentrer déjeuner. Il faisait plus chaud que la veille. L'orage était dans l'air. La plupart des hommes se promenaient avec leur veston sous le bras, et des gamins nageaient dans la Seine.

Il alla manger un morceau à la *Brasserie Dauphine*, après avoir bu, comme par défi, deux pernods. Puis il alla voir Moers à l'identité judiciaire, sous le toit surchauffé du Palais de Justice.

— Mettons vers onze heures du soir. Emporte le matériel nécessaire. Emmène quelqu'un avec toi.

— Oui, patron.

Il avait alerté la police du Havre. Alfred-le-Triste avait-il quand même pris un train à la gare du Nord, pour Lille, par exemple, ou bien, après son coup de téléphone à Ernestine, s'était-il tout de suite précipité à la gare Saint-Lazare?

Il devait se terrer dans un meublé pauvre, ou errer de bistrot en bistrot, à boire des quarts Vichy, à moins qu'il ne fût en train d'essayer de se glisser à bord d'un bateau. Est-ce qu'il faisait aussi chaud au Havre qu'à Paris.

On n'avait toujours pas retrouvé le taxi qui était censé avoir emmené Maria Serre et ses bagages. Les employés de la gare du Nord ne se souvenaient pas d'elle.

En ouvrant le journal, vers trois heures, Maigret lut l'annonce d'Ernestine :

Pour Alfred. Rentre Paris. Aucun danger. Tout arrangé. Tine.

Il était quatre heures et demie quand il se retrouva dans son fauteuil, le journal sur les genoux. Il n'avait pas tourné la page. Il avait dormi, et il en gardait la bouche pâteuse, le dos courbaturé.

Aucune des voitures de la P. J. n'était dans la cour et il dut aller prendre un taxi au bout du quai.

— Rue de la Ferme, à Neuilly. Je vous arrêterai.

Il faillit s'assoupir à nouveau. Il était cinq heures moins cinq quand il fit arrêter l'auto en face du bistrot déjà familier. Il n'y avait personne à la terrasse. On apercevait, plus loin, la silhouette du gros Torrence qui faisait les cent pas à l'ombre. Il paya le chauffeur, s'assit avec un soupir d'aise.

— Qu'est-ce que je vous sers, monsieur Maigret?

De la bière, bien sûr! Il avait une soif à avaler cinq ou six demis d'une haleine.

— Il n'est pas revenu?

— Le dentiste? Non. J'ai vu sa mère, ce matin, qui se dirigeait vers le boulevard Richard-Wallace.

La grille grinça. Une petite femme nerveuse se mit à marcher sur le trottoir d'en face, et Maigret paya sa consommation, la rejoignit au moment où elle arrivait en bordure du Bois de Boulogne.

— Mme Eugénie?

— Qu'est-ce que vous me voulez?

L'aménité n'était pas dans le fort de la maison de Neuilly.

— Bavarder un moment avec vous.

— Je n'ai pas le temps de bavarder. J'ai mon ménage à faire en rentrant.

— Je suis de la police.

— Cela ne change rien.

— Il faut que je vous pose quelques questions.

— Je suis obligée de répondre?
— Cela vaudrait certainement mieux.
— Je n'aime pas la police.
— C'est votre droit. Vous aimez vos patrons?
— Ce sont des punaises.
— La vieille Mme Serre aussi?
— C'est une chipie.

Ils se trouvaient à un arrêt de l'autobus. Maigret leva la main au passage d'un taxi en maraude.

— Je vais vous reconduire chez vous.
— Cela ne me plaît pas beaucoup de me montrer avec un flic, mais c'est toujours ça de gagné.

Elle monta dignement dans la voiture.

— Qu'est-ce que vous leur reprochez?
— Et vous? Pourquoi fourrez-vous votre nez dans leurs affaires?
— La jeune Mme Serre est partie?
— La jeune! fit-elle avec ironie.
— Mettons la belle-fille?
— Elle est partie, oui. Bon débarras.
— C'était une chipie aussi?
— Non.
— Vous ne l'aimiez pas?
— Elle était toujours à fouiller dans le garde-manger et, au moment du déjeuner, je ne retrouvais pas la moitié de ce qu'on avait préparé.
— Quand est-elle partie?
— Mardi.

On franchissait le pont de Puteaux. Eugénie frappait sur la vitre.

— C'est ici, dit-elle. Vous avez encore besoin de moi?
— Je peux monter un instant chez vous?

Ils étaient sur une place populeuse, et la femme de ménage se dirigea vers un couloir, à droite d'une boutique, s'engagea dans un escalier qui sentait l'eau de vaisselle.

— Si seulement vous pouviez leur dire de laisser mon fils tranquille.

— A qui?

— Aux autres flics. A ceux d'ici. Ils n'arrêtent pas de lui chercher des misères.

— Qu'est qu'il fait?

— Il travaille.

— A quoi?

— Est-ce que je sais? Tant pis pour vous si le ménage n'est pas fait. Je ne peux pas nettoyer toute la journée chez les autres et tenir propre chez moi.

Elle allait ouvrir la fenêtre, car il flottait une forte odeur de renfermé, mais aucun désordre ne régnait et, à part un lit dans un coin, l'espèce de salle à manger-salon était presque coquette.

— Que se passe-t-il? questionna-t-elle en retirant son chapeau.

— On ne retrouve pas Maria Serre.

— Bien sûr, puisqu'elle est en Hollande.

— On ne la retrouve pas en Hollande non plus.

— Pourquoi a-t-on besoin de la retrouver?

— Parce qu'on a des raisons de croire qu'elle a été assassinée.

Une petite étincelle s'alluma dans les yeux bruns d'Eugénie.

— Pourquoi ne les arrêtez-vous pas?

— Nous n'avons pas encore de preuves.

— Vous comptez sur moi pour vous en procurer?

Elle mettait de l'eau à chauffer sur le gaz, revenait vers Maigret.

— Qu'y a-t-il eu mardi?

— Elle a passé la journée à faire ses bagages.

— Un instant. Elle a été mariée deux ans et demi, n'est-ce pas? Je suppose qu'elle possédait un certain nombre d'effets personnels.

— Elle avait au moins trente robes et autant de paires de souliers.

— Elle était coquette?

— Elle ne jetait rien. Certaines robes dataient de dix ans. Elle ne les portait pas, mais elle ne les aurait pas données pour tout l'or du monde.

— Avare?

— Est-ce que tous les riches ne sont pas avares?

— On m'a dit qu'elle n'avait emporté qu'une malle et deux valises.

— C'est exact. Le reste était parti une semaine avant.

— Vous voulez dire qu'elle a expédié d'autres malles?

— Des malles, des caisses, des cartons. Le camion d'une agence de transports est venu prendre tout ça jeudi ou vendredi dernier.

— Vous avez regardé les étiquettes?

— Je ne me souviens pas de l'adresse exacte, mais c'était enregistré pour Amsterdam.

— Votre patron le savait?

— Bien sûr.

— Donc le départ était décidé depuis longtemps?

— Depuis sa dernière crise. A chaque crise, elle parlait de retourner dans son pays.

— Des crises de quoi?

— Cardiaques, qu'elle disait.

— Elle avait une maladie de coeur?

— Il paraît.

— Un médecin venait la voir?

— Le docteur Dubuc.

— Elle prenait des médicaments?

— A chaque repas. Ils en prenaient tous. Les deux autres continuent et chacun a son petit flacon de pilules ou de gouttes devant son couvert.

— Guillaume Serre est malade?

— Je ne sais pas.

— Sa mère?

— Les gens riches sont tous malades.

— Ils s'entendaient bien?

— Il y avait des semaines où ils ne se parlaient pas.

— Maria Serre écrivait beaucoup?

— Presque du matin au soir.

— Il vous est arrivé de porter ses lettres à la poste?

— Souvent. C'était toujours pour la même personne, une femme avec un drôle de nom qui habite Amsterdam.

— Les Serre sont riches?

— Et Maria?

— Sûrement. Sinon il ne l'aurait pas épousée.

— Vous étiez à leur service quand ils se sont mariés?

— Non.

— Vous ne savez pas qui travaillait dans la maison à cette époque?

— Ils changent tout le temps de femme de ménage. Moi, c'est ma dernière semaine. Dès qu'on connaît la maison, on s'en va.

— Pourquoi?

— Vous croyez que c'est agréable de voir qu'on compte les morceaux de sucre dans le sucrier et qu'on vous choisit une pomme à moitié pourrie pour votre dessert?

— La vieille Mme Serre?

— Oui. Sous prétexte qu'à son âge elle travaille toute la journée, ce qui est son affaire, elle vous tombe sur le dos dès que vous avez le malheur de vous asseoir une minute.

— Elle vous engueule?

— Elle ne m'a jamais engueulée. J'aurais bien voulu voir ça! Mais c'est pis. Elle est trop polie, elle vous regarde d'un air désolé comme si vous étiez pour elle un objet de découragement.

— Rien ne vous a frappé quand vous avez pris votre service mercredi matin?

— Non.

— Vous n'avez pas remarqué qu'un carreau avait été cassé au cours de la nuit, ou que le mastic d'une des vitres était frais?

Elle hocha la tête.

— Vous vous trompez de jour.

— Quel jour était-ce?

— Deux ou trois jours avant, la fois qu'il y a eu un si gros orage.

— Vous en êtes sûre?

— Certaine. Même que j'ai dû cirer le plancher du bureau parce que la pluie avait pénétré dans la maison.

— Qui a remis la vitre?

— M. Guillaume.

— Il est allé l'acheter lui-même?

— Oui. Il a rapporté le mastic. Il était environ dix heures du matin. Il a dû aller chez le quincailler de la rue de Longchamp. Ils ne feraient pas venir un ouvrier chez eux s'ils peuvent s'en passer, et c'est M. Guillaume qui débouche les cabinets.

— Vous êtes certaine de la date?

— Absolument.

— Je vous remercie.

Maigret n'avait plus rien à faire là. Il n'avait rien à faire rue de la Ferme non plus, en somme. Ou alors, il fallait croire qu'Eugénie répétait une leçon apprise et, dans ce cas, elle était encore plus forte que les autres.

— Vous ne pensez pas qu'ils l'ont tuée?

Il ne répondit pas, se dirigea vers la porte.

— A cause du carreau?

On sentait une hésitation dans sa voix.

— Il est indispensable que le carreau ait été cassé le jour que vous dites?

— Pourquoi? Vous avez envie de les voir en prison?

— Cela me ferait évidemment plaisir. Mais, maintenant que j'ai dit la vérité...

Elle le regrettait. Pour un peu, elle serait revenue sur sa déposition.

— Vous pouvez toujours aller demander à la quincaillerie où il a acheté la vitre et le mastic.

— Je vous remercie du conseil.

Il resta un moment debout devant la maison, qui était justement une quincaillerie. Mais ce n'était pas la bonne. Il attendit un taxi.

— Rue de la Ferme.

Ce n'était pas la peine de laisser Torrence et l'inspecteur de Neuilly poireauter plus longtemps sur le trottoir. Le souvenir d'Ernestine jouant sa comédie de la rue de la Lune lui revint, et il ne le trouva pas drôle du tout, se mit à penser à elle. Car c'était elle qui l'avait lancé sur cette piste-là. Il avait foncé stupidement. Ce matin encore, dans le bureau du commissaire de police, il s'était couvert de ridicule.

Sa pipe n'avait pas bon goût. Il croisait et décroisait les jambes. La vitre était ouverte entre lui et le chauffeur.

— Passez par la rue de Longchamp. Si la quincaillerie est encore ouverte, arrêtez-vous un instant.

Il jouait à pile ou face. C'était sa dernière démarche. Si la quincaillerie était fermée, il ne se donnerait pas le mal d'y revenir, en dépit des Ernestine et des Alfred-le-Triste. Qui est-ce qui prouvait qu'Alfred avait réellement pénétré dans la maison de la rue de la Ferme?

Il était parti à vélo du quai de Jemmapes, soit et, au petit matin, il avait téléphoné à sa femme. Mais personne ne savait ce qu'ils s'étaient dit.

— Elle est ouverte!

Il s'agissait de la quincaillerie, où l'on voyait un rayon de droguerie. Un grand garçon en blouse grise s'avança à la rencontre de Maigret entre les seaux galvanisés et les balais.

— Vous vendez du verre à vitre?

— Oui, monsieur.

— Et du mastic?

— Bien entendu. Vous avez les mesures?

— Ce n'est pas pour moi. Vous connaissez M. Serre?

— Le dentiste? Oui, monsieur.

— C'est un de vos clients?

— Il a un compte dans la maison.

— Vous l'avez vu récemment?

— Pas moi, car je suis rentré de vacances

avant-hier. Il est peut-être venu en mon absence. C'est facile à voir en consultant le livre.

Le vendeur ne posait pas de questions, s'enfonçait dans la pénombre de la boutique, ouvrait un registre posé sur un haut pupitre.

— Il a acheté du verre à vitre la semaine dernière.

— Pouvez-vous me dire quel jour?

— Vendredi.

L'orage avait eu lieu le jeudi soir. Eugénie avait raison, et la vieille Mme Serre!

— Il a acheté également une demi-livre de mastic.

— Je vous remercie.

Cela tint à un fil, à un mouvement machinal d'un jeune homme en blouse grise qui n'allait pas tarder à fermer la boutique. Il tournait les pages du registre, comme par acquit de conscience. Il dit:

— Il est revenu cette semaine.

— Hein?

— Mercredi. Il a acheté une vitre de même dimension, 42 sur 65, et à nouveau une demi-livre de mastic.

— Vous en êtes certain?

— Je peux même préciser qu'il est venu de bonne heure, car c'est la première vente de la journée.

— A quelle heure ouvrez-vous?

C'était important, car Eugénie, qui prenait son travail à neuf heures, prétendait avoir trouvé tous les carreaux en bon état le mercredi matin.

— Nous, on vient à neuf heures, mais le patron descend à huit heures pour ouvrir le magasin.

— Je vous remercie, mon vieux. Vous êtes un chic type.

Le chic type dut se demander longtemps pourquoi cet homme, qui avait l'air lugubre en entrant, manifestait soudain une telle bonne humeur.

— Je suppose qu'il n'y a pas de danger qu'on détruise les pages de ce registre?

— Pourquoi le ferait-on?

— Evidemment! Je vous recommande cependant d'y faire attention. Je vous enverrai quelqu'un demain matin pour les photographier.

Il tira une carte de sa poche, la tendit au jeune homme qui lut avec stupeur:

Commissaire divisionnaire Maigret
Police Judiciaire
Paris.

— Où allons-nous maintenant? questionna le chauffeur.

— Arrêtez-vous un moment rue de la Ferme. Vous verrez un petit bistrot, à main gauche...

Cela méritait un verre de bière. Il faillit appeler Torrence et l'inspecteur pour en boire un avec lui, puis, en fin de compte, il se contenta d'inviter son chauffeur.

— Qu'est-ce que vous prenez?

— Pour moi, ce sera un blanc-Vichy.

La rue était toute dorée par le soleil. On entendait le bruissement de la brise dans les grands arbres du Bois de Boulogne.

Il y avait une grille noire, un peu plus loin, un carré de pelouse, une maison calme et ordonnée comme un couvent.

Il y avait quelque part dans cette maison une vieille femme qui ressemblait à une Mère supérieure et une espèce de Turc avec qui Maigret avait un compte à régler.

La vie était belle

CHAPITRE

5

Où Maigret, à la place de Janvier, apprend l'étrange opinion de Maria Serre, née Van Aerts, sur son mari, et où il est aussi question des formalités qui s'ensuivent.

VOICI COMMENT SE passa le reste de la journée. D'abord, Maigret but deux demis avec son chauffeur de taxi qui, lui, se contenta d'un seul blanc-Vichy. C'était l'heure où il commençait à faire frais et, au moment de remonter en voiture, il eut l'idée de se faire conduire à l'hôtel que Maria Van Aerts avait habité pendant un an.

Il n'avait rien d'important à y faire. Il cédait plutôt à sa manie d'aller renifler chez les gens pour mieux les comprendre.

Les murs étaient d'un blanc crémeux. Tout était crémeux, douceâtre, comme une pâtisserie, et la patronne au visage enfariné avait l'air d'un gâteau trop sucré.

— Quelle personne exquise, monsieur Maigret ! Et quelle merveilleuse compagne elle a dû faire pour son mari ! Elle avait tant envie de se marier.

— Vous voulez dire qu'elle cherchait le mariage?

— Est-ce que toutes les jeunes filles ne rêvent pas d'un mari?

— Elle avait dans les quarante-huit ans lorsqu'elle habitait chez vous, si je ne me trompe?

— Son caractère était resté tellement jeune! Un rien l'amusait. Si je vous disais qu'elle prenait plaisir à faire des farces à mes pensionnaires. Il existe, près de la Madeleine, un magasin que je n'avais jamais remarqué avant de le connaître par elle, où l'on vend des attrapes de toutes sortes, de fausses souris, des cuillers qui fondent dans le café, des appareils à glisser sous la nappe pour soulever subrepticement l'assiette d'un convive, des verres dans lesquels il est impossible de boire, que sais-je? Eh bien! elle en était une des meilleures clientes.

» Une personne très cultivée, cependant, qui connaissait tous les musées d'Europe et passait des journées entières au Louvre.

— Elle vous a présenté celui qui devait devenir son mari?

— Non. Elle était volontiers cachottière. Peut-être craignait-elle de l'amener ici, où il aurait sans doute fait envie à quelques autres. Il paraît que c'est un homme d'une prestance magnifique, l'air d'un diplomate.

— Ah!

— Il est dentiste, m'a-t-elle dit, mais n'accepte que quelques clients, sur rendez-vous. Il appartient à une famille fort riche.

— Et Mlle Van Aerts?

— Son père lui a laissé une jolie fortune.

— Dites-moi, était-elle avare?

— On vous en a parlé? Elle était certainement regardante. Par exemple, quand elle devait aller en ville, elle attendait qu'une autre cliente s'y rendit aussi afin de partager le prix d'un taxi. Chaque semaine, elle discutait sa note.

— Savez-vous comment elle a rencontré M. Serre?

— Je ne crois pas que ce soit par l'annonce.

— Elle avait mis une annonce dans les journaux?

— Pas sérieusement. Elle n'y croyait pas. Plutôt pour rire. Je ne me souviens pas du texte exact, mais elle disait qu'une dame distinguée, étrangère, riche, cherchait monsieur de situation équivalente en vue de mariage. Elle a reçu des centaines de lettres. Elle donnait rendez-vous à ses correspondants au Louvre, tantôt dans une salle, tantôt dans une autre, et ils devaient avoir un livre déterminé à la main, ou une fleur à la boutonnière.

Il y en avait d'autres, comme elle, venues d'Angleterre, de Suède ou d'Amérique, dans les fauteuils de rotin du hall où l'on entendait le murmure huileux des ventilateurs électriques.

— J'espère qu'il ne lui est rien arrivé de mal?

Il était environ sept heures quand Maigret était descendu du taxi quai des Orfèvres. Dans l'ombre du trottoir, il avait aperçu Janvier qui s'en venait, l'air préoccupé, un paquet sous le bras, et il l'avait attendu pour monter l'escalier avec lui.

— Ça va, mon petit Janvier?

— Ça va, patron.

— Qu'est-ce que tu apportes?

— Mon dîner.

Janvier ne se plaignait pas, mais avait la mine d'un martyr.

— Pourquoi ne rentres-tu pas chez toi?

— A cause de cette Gertrude de malheur.

Les bureaux étaient presque vides, balayés de courants d'air, car une brise venait de se lever et toutes les fenêtres de la maison étaient restées ouvertes.

— J'ai pu repérer Gertrude Oosting à Amsterdam. Plus exactement, j'ai eu sa bonne au bout du fil. Il a fallu que je déniche un interprète de bonne volonté qui attendait une carte d'identité au bureau des étrangers, car la bonne ne parle pas un mot de français, et que je la rappelle.

» Par malchance, la dame Oosting est sortie avec son mari depuis quatre heures de l'après-midi. Il y a aujourd'hui, là-bas, je ne sais quel concert en plein air, avec défilé de gens en costume, après quoi les Oosting doivent dîner avec des amis, la bonne ignore où. Elle ne sait pas non plus quand ils rentreront et on l'a chargée de mettre les enfants au lit.

» A propos d'enfants...

— Quoi?

— Rien, patron.

— Dis-le, va!

— Cela n'est rien. Seulement que ma femme est déçue. C'est l'anniversaire de notre aîné. Elle avait préparé un petit dîner fin. Cela n'a pas d'importance.

— Tu as fait demander à la bonne si Gertrude Oosting parle le français?

— Elle le parle.

— File.

— Comment?

— Je te dis de filer. Laisse-moi tes sandwiches et je resterai.

— Mme Maigret ne sera pas contente.

Janvier s'était fait un peu tirer l'oreille, puis était parti en courant pour attraper son train de banlieue.

Maigret avait mangé seul à son bureau, était allé bavarder ensuite avec Moers au laboratoire. Moers n'était parti qu'à neuf heures, une fois la nuit tout à fait tombée.

— Tu as bien compris ?

— Oui, patron.

Il emmenait un photographe avec lui, un tas d'appareils. Ce n'était pas très légal, mais, du moment que Guillaume Serre avait acheté deux vitres et non une, cela n'avait plus trop d'importance.

— Donnez-moi Amsterdam, s'il vous plaît...

La bonne, au bout du fils, baragouina quelque chose et il crut comprendre que Mme Oosting n'était pas rentrée.

Ensuite il appela sa femme.

— Cela t'ennuirait de venir prendre un verre à la terrasse de la *Brasserie Dauphine?* J'en ai probablement encore pour une heure ou deux. Prends un taxi.

Ce n'était pas une soirée désagréable. Ils étaient aussi bien, tous les deux, qu'à une terrasse des Grands Boulevards, sauf qu'ils n'avaient comme point de vue que le grand escalier blême du Palais de Justice.

Ils devaient être affairés, rue de la Ferme. Maigret avait donné comme instructions d'attendre que les Serre soient couchés. Torrence monterait la garde devant la maison afin d'éviter toute surprise pendant que les autres pénétreraient dans le garage, qu'on ne pouvait apercevoir des fenêtres, et se livreraient à un examen méticuleux de l'auto. C'était l'affaire de Moers et du photographe. Tout y passerait : empreintes digitales, prélèvement de poussière et toute la lyre.

— Tu as l'air content.

— Je ne suis pas fâché.

Il n'avoua pas que, quelques heures plus tôt, il était loin d'être d'aussi bonne humeur, et il se mit à boire des petits verres, cependant que Mme Maigret se contentait de tisane.

Il la quitta deux fois pour aller au bureau appeler Amsterdam. A onze heures et demie, seulement il entendit une voix qui n'était pas celle de la bonne et qui lui répondit en français:

— Je ne vous comprends pas très bien.

— Je dis que je vous appelle de Paris.

— Oh ! Paris !

Elle avait un fort accent, qui n'était d'ailleurs pas déplaisant.

— La Police Judiciaire.

— Police?

— Oui. Je vous téléphone au sujet de votre amie Maria? Vous connaissez Maria Serre, n'est-ce pas, dont le nom de jeune fille est Van Aerts?

— Où est-elle?

— Je ne sais pas. C'est justement ce que je vous demande. Elle vous écrivait souvent?

— Souvent, oui. Je devais l'attendre à la gare, mercredi matin.

— Vous l'avez attendue?

— Oui.

— Elle est venue?

— Non.

— Elle vous a prévenue, par télégramme ou par téléphone, qu'elle ne serait pas au rendez-vous ?

— Non. Je suis inquiète.

— Votre amie a disparu.

— Qu'est-ce que vous voulez dire ?

— Que vous disait-elle dans ses lettres ?

— Beaucoup de choses.

Elle se mit à parler dans sa langue à quelqu'un, sans doute son mari, qui se trouvait à côté d'elle.

— Vous croyez que Maria est morte ?

— Peut-être. Vous a-t-elle jamais écrit qu'elle était malheureuse ?

— Elle n'était pas contente.

— Pourquoi ?

— Elle n'aimait pas la vieille dame.

— Sa belle-mère ?

— Oui.

— Et son mari ?

— Il paraît que ce n'est pas un homme, mais un enfant qui a très peur de sa mère.

— Il y a longtemps qu'elle vous a écrit ça ?

— Presque tout de suite après son mariage. Quelques semaines après.

— Elle parlait déjà de le quitter ?

— Pas encore. Depuis un an à peu près.

— Et récemment ?

— Elle s'est décidée. Elle m'a demandé que je lui trouve un appartement à Amsterdam, près de chez nous.

— Vous lui en avez trouvé un ?

— Oui. Et une bonne.

— De sorte que tout est arrangé ?

— Oui. J'étais à la gare.

— Verriez-vous un inconvénient à m'envoyer

copie des lettres de votre amie? Vous les avez gardées?

— Je garde toutes les lettres, mais ce serait un gros travail de les copier, car elles sont fort longues. Je peux vous envoyer les principales. Vous êtes sûr qu'il lui est arrivé malheur?

— J'en suis convaincu.

— On l'a tuée?

— C'est probable.

— Son mari?

— Je ne sais pas. Ecoutez, madame Oosting, vous pourriez me rendre un grand service. Votre mari a une auto?

— Bien sûr.

— Il serait gentil de vous conduire au bureau central de la police, qui reste ouvert toute la nuit. Vous direz à l'inspecteur de garde que vous attendiez votre amie Maria. Vous montrerez sa dernière lettre. Vous ajouterez que vous êtes extrêmement inquiète et que vous désirez qu'on fasse des recherches.

— Je dois parler de vous?

— Cela n'a pas d'importance. Ce qui compte, c'est que vous réclamiez une enquête.

— Je vais.

— Je vous remercie. N'oubliez pas les lettres que vous avez promis de m'envoyer.

Il rappela presque tout de suite Amsterdam, cette fois le numéro de la police.

— Dans quelques instants, vous recevrez la visite d'une certaine Mme Oosting, qui vous parlera de la disparition de son amie, Mme Serre, née Van Aerts.

— Elle a disparu en Hollande?

— Non, à Paris. J'ai besoin, pour agir, d'une

plainte officielle. Dès que vous aurez enregistré sa déclaration, je désirerais que vous m'adressiez un télégramme nous demandant d'effectuer des recherches.

Cela prit un certain temps. L'inspecteur, au bout du fil, ne comprenait pas comment Maigret, de Paris, pouvait lui annoncer la visite de Mme Oosting.

— Je vous expliquerai plus tard. Tout ce qu'il me faut, c'est votre télégramme. Envoyez-le en priorité. Je le recevrai en moins d'une demi-heure.

Il alla trouver Mme Maigret, qui se morfondait à la terrasse de la brasserie.

— Tu as fini?

— Pas encore. Je prends un verre et je t'emmène.

— A la maison.

— Au bureau.

Cela l'impressionnait toujours. Elle n'avait pénétré dans les locaux du quai des Orfèvres qu'en de rares occasions et ne savait comment s'y tenir.

— Tu as l'air de t'amuser. On dirait que tu joues un bon tour à quelqu'un.

— C'est presque cela.

— A qui?

— A un type qui a l'air d'un Turc, d'un diplomate et d'un gamin.

— Je ne comprends pas.

— Parbleu!

C'était rare qu'il eût cette humeur enjouée. Combien de Calvados avait-il bus? Quatre? Cinq? Cette fois, avant de rentrer au bureau, il avala un demi et il prit le bras de sa femme pour parcourir les deux cents mètres de quai qui les séparaient de la P. J.

— Je ne te demande qu'une chose: ne commence pas à me répéter que c'est plein de poussière et que les bureaux auraient besoin d'un bon nettoyage !

Au téléphone:

— Pas de télégramme pour moi?

— Rien, monsieur le commissaire.

Dix minutes plus tard, toute l'équipe, sauf Torrence, revenait de la rue de la Ferme.

— Cela s'est bien passé? Aucun pépin?

— Aucun pépin. Personne ne nous a dérangés. Torrence a insisté pour que nous attendions qu'il n'y ait plus de lumière dans la maison, et Guillaume Serre a traîné longtemps avant de se coucher.

— L'auto?

Vacher, qui n'avait plus rien à faire, demanda la permission de rentrer chez lui. Il ne resta que Moers et le photographe. Mme Maigret, assise sur une chaise, comme en visite, prenait l'air distrait de quelqu'un qui n'écoute pas.

— Nous avons examiné toutes les parties de la voiture, qui paraît n'avoir pas servi depuis deux ou trois jours. Le réservoir est à moitié plein. Il n'y a pas de désordre à l'intérieur. Dans le coffre arrière, j'ai relevé deux ou trois égratignures assez fraîches.

— Comme si on y avait mis un colis volumineux et lourd?

— Cela pourrait être cela.

— Une malle, par exemple?

— Une malle ou une caisse.

— Pas de taches de sang à l'intérieur?

— Non. Pas de cheveux non plus. J'y ai pensé. Nous avions emporté un projecteur, et il existe une prise de courant dans le garage. Emile va développer les photos.

— Je monte tout de suite, dit le photographe. Si vous attendez seulement une vingtaine de minutes...

J'attends. Est-ce que tu as l'impression, Moers, que l'auto a été nettoyée récemment?

— Pas extérieurement. Elle n'a pas été lavée dans un garage. Mais on dirait que l'intérieur a été brossé avec soin. On a même dû retirer le tapis pour le battre, car j'ai eu du mal à récolter de la poussière. J'en ai néanmoins plusieurs spécimens que je vais analyser.

— Pas de brosse dans le garage?

— Non. J'ai cherché. On a dû l'emporter.

— En somme, à part les égratignures...

— Rien d'anormal. Je peux monter?

Ils restèrent seuls, Mme Maigret et lui, dans le bureau.

— Tu n'as pas sommeil?

Elle dit non. Elle avait une façon spéciale de regarder ce décor dans lequel son mari avait passé la plus grande partie de sa vie et qu'elle connaissait si peu.

— C'est toujours comme ça?

— Quoi?

— Une enquête. Quand tu ne rentres pas.

Elle devait trouver que c'était bien calme, bien facile, que cela avait l'air d'un jeu.

— Cela dépend.

— Il s'agit d'un meurtre?

— C'est plus que probable.

— Tu connais le coupable?

Elle détourna les yeux quand il la regarda en souriant. Puis elle demanda:

— Il sait que tu le soupçonnes?

Il fit oui de la tête.

— Tu crois qu'il dort?

Elle ajouta après un moment, avec un petit frisson:

— Cela doit être atroce.

— Cela n'a pas dû être gai pour la pauvre femme non plus.

— Je sais. Mais cela a sans doute été plus vite. Non?

— Peut-être.

On lui téléphonait le télégramme de la police hollandaise dont on lui enverrait copie le lendemain matin.

— Et voilà! Nous pouvons rentrer chez nous.

— Je croyais que tu attendais les photographies.

Il sourit à nouveau. Au fond, elle aurait aimé savoir. Elle n'avait plus envie d'aller dormir.

— Elles n'apporteront aucun renseignement.

— Tu crois?

— J'en suis certain. Les analyses de Moers non plus.

— Pourquoi? L'assassin a pris ses précautions?

Il ne répondit pas, éteignit la lumière et entraîna sa femme dans le couloir, où l'équipe de nettoyage commençait son service.

-:-

— C'est vous, monsieur Maigret?

Il regarda le réveil qui marquait huit heures et demie. Sa femme l'avait laissé dormir. Il reconnaissait la voix d'Ernestine.

— Je ne vous éveille pas?

Il préféra dire que non.

— Je suis au bureau de poste. Il y a encore une carte pour moi.

— Du Havre?

— De Rouen. Il ne dit rien, ne répond pas encore à mon annonce. Rien que mon adresse à la poste restante, comme hier.

Il y eut un silence. Puis elle questionna:

— Vous avez du nouveau?

— Oui.

— Quoi?

— C'est une histoire de vitres.

— C'est bon?

— Cela dépend pour qui.

— Pour nous?

— Je crois que c'est bon pour vous et pour Alfred, oui.

— Vous ne pensez plus que je vous ai menti?

— Pas pour le moment.

Au bureau, il choisit pour l'accompagner Janvier, qui prit le volant de la petite auto noire de la P. J.

— Rue de la Ferme.

Le télégramme dans sa poche, il fit arrêter la voiture devant la grille, que tous les deux franchirent de leur air le plus professionnel. Maigret sonna. Un rideau bougea au premier étage, où l'on n'avait pas encore fermé les persiennes. Ce fut Eugénie, en savates, qui vint ouvrir, tout en essuyant ses mains mouillées à son tablier.

— Bonjour, Eugénie. M. Serre est dans la maison et je voudrais lui parler.

Quelqu'un se pencha sur la rampe. Une voix de vieille femme fit:

— Installez ces messieurs au salon, Eugénie.

C'était la première fois que Janvier pénétrait

dans la maison et il était impressionné. Ils entendaient des allées et venues au-dessus de leur tête. Puis, sans transition, la porte s'ouvrit et l'énorme silhouette de Guillaume Serre emplit presque tout l'encadrement.

Il était aussi calme que la veille, les regardait avec la même insolence tranquille.

— Vous avez un mandat? questionna-t-il, la lèvre légèrement frémissante.

Maigret fit exprès de mettre un certain temps à tirer son portefeuille de sa poche, à l'ouvrir, à y chercher un papier qu'il tendit poliment.

— Voici, monsieur Serre.

L'homme ne s'y attendait pas. Il lut la formule, s'approcha de la fenêtre pour déchiffrer la signature, tandis que Maigret disait:

— Comme vous le voyez, c'est un mandat de perquisition. Une information est ouverte au sujet de la disparition de Mme Maria Serre, née Van Aerts, sur plainte de Mme Gertrude Oosting, d'Amsterdam.

La vieille dame était entrée sur ces derniers mots.

— Qu'est-ce que c'est, Guillaume?

— Rien, maman, lui répondit-il d'une voix étrangement douce. Ces messieurs désirent, je crois, visiter la maison. Montez dans votre chambre

Elle hésita, regarda Maigret comme pour lui demander conseil.

— Vous serez calme, Guillaume?

— Mais oui, maman. Laissez-nous, je vous en prie.

Cela ne se passait pas tout à fait comme Maigret l'avait prévu, et le commissaire fronçait les sourcils.

— Je suppose, dit-il, alors que la vieille dame s'éloignait à regret, que vous désirez vous faire assister d'un avocat? J'aurai tout à l'heure un certain nombre de questions à vous poser.

— Je n'ai pas besoin d'avocat. Du moment que vous avez un mandat, je ne puis m'opposer à votre présence. C'est tout.

Les persiennes du rez-de-chaussée étaient fermées. Jusque-là, ils avaient été dans la pénombre. Serre se dirigea vers une première fenêtre.

— Sans doute désirez-vous y voir clair?

Il parlait d'une voix neutre et, si l'on pouvait à la rigueur y deviner un sentiment, c'était un certain mépris.

— Faites votre travail, messieurs.

Cela choquait presque de voir le salon en pleine lumière. Serre passait dans le bureau voisin, où il ouvrit également les persiennes, puis dans son cabinet.

— Quand vous désirerez vous rendre au premier étage, vous m'avertirez.

Janvier lançait des regards surpris à son patron. Celui-ci n'avait plus tout à fait sa bonne humeur du matin, ni de la veille au soir. Il paraissait soucieux.

— Vous permettez que j'use de votre téléphone, monsieur Serre? demanda-t-il avec la même politesse froide que son interlocuteur lui avait marquée.

— C'est toujours votre droit.

Il composa le numéro de la P. J. Moers, ce matin, lui avait fait un rapport verbal qui, comme le commissaire le prévoyait, était à peu près négatif. L'examen des poussières n'avait rien apporté. Plus exactement, presque rien. Moers avait seulement récolté, à l'avant de l'auto, à la place du conducteur, une quantité infinitésimale de brique pilée.

— Passez-moi le laboratoire. C'est toi, Moers? Tu veux venir rue de la Ferme avec tes hommes et les appareils?

Il observait Serre qui, occupé à allumer un long cigare noir, ne bronchait pas.

— Le grand jeu, quoi! Non, il n'y a pas de corps. Je serai ici.

Se tournant alors vers Janvier :

— Tu peux commencer.

— Par cette pièce?

— Par n'importe laquelle.

-:-

Guillaume Serre les suivait pas à pas et les regardait faire sans souffler mot. Il ne portait pas de cravate et avait passé un veston d'alpaga noir sur sa chemise blanche.

Pendant que Janvier examinait les tiroirs du bureau, Maigret, lui, feuilletait les fiches professionnelles du dentiste et prenait des notes dans son gros calepin.

En réalité, cela frisait la comédie. Il aurait été en peine de dire ce qu'il cherchait exactement. Il s'agissait, en somme, de savoir si, à un moment donné, dans un endroit quelconque de la maison, Serre manifesterait une certaine inquiétude.

Quand on avait fouillé le salon, par exemple, il n'avait pas bronché, restant immobile et très digne, adossé à la cheminée de marbre brun.

Maintenant, il regardait Maigret comme s'il se demandait ce que celui-ci cherchait dans les fiches, mais cela ressemblait plus à de la curiosité qu'à de la peur.

— Vous avez fort peu de clients, monsieur Serre.

Il ne répondit pas et haussa les épaules.

— Je constate que le nombre des clientes dépasse de beaucoup celui des hommes.

L'autre avait l'air de rire: « Et après? ».

— Je vois aussi que c'est comme dentiste que vous avez fait la connaissance de Maria Van Aerts.

Il retrouvait la trace de cinq visites, réparties sur deux mois, avec le détail des soins qui avaient été donnés.

— Vous saviez qu'elle était riche?

Un haussement d'épaules encore.

— Vous connaissez le docteur Dubuc?

Il fit oui de la tête.

— C'était le médecin de votre femme, si je ne me trompe. Est-ce vous qui le lui avez désigné?

Tiens! Il parlait enfin!

— Le docteur Dubuc soignait Maria Van Aerts avant qu'elle devînt ma femme.

— Vous saviez, en l'épousant, qu'elle avait une maladie de coeur?

— Elle m'en avait parlé.

— Son cas était sérieux?

— Dubuc vous renseignera s'il croit devoir le faire.

— Votre première femme, elle aussi, avait une maladie de coeur, n'est-ce pas?

— Vous trouverez son certificat de décès dans les dossiers.

C'était Janvier le plus mal à l'aise. Il se réjouissait de voir arriver les spécialistes de l'identité judiciaire, qui remueraient un peu l'air dans la maison. Quand l'auto s'arrêta devant la grille, Maigret alla ouvrir lui-même la porte, dit à Moers, à voix basse:

— A toute pompe. On passe la maison au peigne fin.

Et Moers, qui avait compris et avait aperçu la lourde silhouette de Guillaume Serre, de murmurer:

— Vous pensez que ça l'impressionnera?

— Cela finira peut-être par impressionner quelqu'un.

Quelques instants plus tard, on aurait pu se croire dans une maison dont les commissaires priseurs avaient pris possession en vue d'une vente aux enchères. Les hommes de l'identité judiciaire ne laissaient aucun coin inexploré, décrochant les portraits et les tableaux, poussant le piano et les fauteuils pour regarder sous les tapis, empilant les tiroirs des armoires, étalant les papiers.

Une première fois, on aperçut le visage de Mme Serre qui, venue jeter un coup d'oeil à la porte, était repartie d'un air navré. Puis ce fut Eugénie, qui grommela:

— Vous allez remettre tout ça en place, j'espère?

Elle maugréa davantage quand sa cuisine y passa et même les placards où elle rangeait les balais.

— Si seulement vous me disiez ce que vous cherchez.

Ils ne cherchaient rien de précis. Peut-être, même, au fond, Maigret ne cherchait-il rien du tout. Il observait l'homme qui les suivait à la piste et qui pas un instant ne se départit de son calme.

Pourquoi Maria avait-elle écrit à son amie que Serre n'était en réalité qu'un grand enfant?

Pendant que ses hommes travaillaient toujours, Maigret décrocha le téléphone, obtint le docteur Dubuc au bout du fil.

— Vous êtes encore chez vous pour un certain temps? Je peux aller vous voir? Non, ce ne sera pas long. Je le dirai à la bonne, merci.

Dubuc avait cinq clients dans son antichambre et promettait au commissaire de le faire entrer par la porte de derrière. C'était à deux pas, sur le quai. Maigret s'y rendit à pied, passa devant la quincaillerie, où son jeune vendeur de la veille lui adressa un signe.

— Vous ne faites pas photographier le livre?

— Tout à l'heure.

Dubuc était un homme d'une cinquantaine d'années, avec une barbiche rousse et des lorgnons.

— Vous étiez le médecin de Mme Serre, docteur?

— De la jeune Mme Serre. Enfin, de la plus jeune.

— Vous n'avez jamais soigné personne d'autre dans la maison?

— Attendez! Si! Une femme de ménage qui s'était coupée à la main, il y a deux ou trois ans.

— Maria Serre était vraiment malade?

— Elle avait besoin de soins, oui.

— Le coeur?

— Hypertrophie du coeur. En outre, elle mangeait beaucoup trop, se plaignait de vapeurs.

— Elle vous appelait souvent?

— Environ une fois par mois. D'autres fois, elle venait me voir.

— Vous lui aviez ordonné un médicament?

— Un calmant, sous forme de comprimés. Rien de toxique.

— Vous croyez que son coeur aurait pu lui jouer un mauvais tour?

— Certainement pas. Dans dix ou quinze ans, peut-être...

— Elle ne faisait rien pour maigrir?

— Tous les quatre ou cinq mois, elle décidait de se mettre au régime, mais sa résolution ne tenait que quelques jours.

— Vous avez rencontré son mari?

— Cela m'est arrivé.

— Qu'en pensez-vous?

— À quel point de vue? Professionnel? Une de mes clientes s'est fait soigner par lui et m'a dit qu'il était très habile et très doux.

— Comme homme?

— Il m'a paru d'un caractère renfermé. Que se passe-t-il?

— Sa femme a disparu.

— Ah!

Dubuc s'en f... en somme, et il ne fit qu'esquisser un geste vague.

— Cela arrive, n'est-ce pas? Il a tort de la faire rechercher par la police, car elle ne le lui pardonnera pas.

Maigret préféra ne pas insister. En revenant, il fit un détour afin de passer devant le garage, où il n'y avait plus personne en faction. L'immeuble d'en face était une maison de rapport. La concierge était sur son seuil, à astiquer la poignée de cuivre de la porte.

— Votre loge donne sur la rue? demanda-t-il.

— Qu'est-ce que cela peut vous faire?

— J'appartiens à la police. J'aurais voulu savoir si vous connaissez la personne qui gare sa voiture dans le garage d'en face, le premier en commençant par la droite.

— C'est le dentiste.

— Vous le voyez de temps en temps?

— Je le vois quand il vient chercher sa voiture.

— Vous l'avez vu cette semaine?

— Dites donc! Au fait, qu'est-ce qu'on a tripoté dans son garage, hier soir? C'étaient des voleurs? J'ai dit à mon mari...

— Ce n'étaient pas des voleurs.

— C'était vous?

— Peu importe. L'avez-vous vu cette semaine prendre sa voiture?

— Il me semble que oui.

— Vous ne vous souvenez pas du jour? Ni de l'heure?

— C'était le soir, assez tard. Attendez. Je m'étais relevée. Ne me regardez pas comme ça. Cela va me revenir.

Elle avait l'air d'effectuer un calcul mental.

— Je me suis relevée, justement, parce que mon mari avait mal aux dents, et je lui ai donné une aspirine. S'il était ici, il vous dirait tout de suite quel jour c'était. J'ai remarqué que l'auto de M. Serre sortait du garage et j'ai même dit que c'était une coïncidence.

— Parce que votre mari avait mal aux dents?

— Oui. Et qu'un dentiste était au même moment en face de la maison. Il était plus de minuit. Mlle Germaine est rentrée. Bon, c'était donc mardi, car elle ne sort que le mardi soir, pour aller jouer aux cartes chez des amis.

— L'auto sortait du garage? Elle n'y rentrait pas?

— Elle sortait.

— Dans quelle direction est-elle allée?

— Vers la Seine.

— Vous ne l'avez pas entendue s'arrêter un peu plus loin, par exemple devant la maison de M. Serre?

— Je ne m'en suis plus occupée. J'avais les pieds nus et le plancher était froid, car nous dormons la fenêtre entr'ouverte. Qu'a-t-il fait?

Qu'est-ce que Maigret aurait pu répondre? Il s'éloigna en remerciant, traversa le jardinet et sonna. Eugénie lui ouvrit la porte en lui adressant un regard noir de reproche.

— Ces messieurs sont en haut! annonça-t-elle sèchement.

On en avait fini avec le rez-de-chaussée. Au premier étage, on entendait des pas bruyants, un vacarme de meubles que l'on traînait sur le plancher.

Maigret monta, trouva la vieille Mme Serre assise sur une chaise au milieu du palier.

— Je ne sais plus où me mettre, fit-elle. On dirait un déménagement. Qu'est-ce qu'ils cherchent donc, monsieur Maigret?

Guillaume Serre, debout au milieu d'une chambre inondée de soleil, allumait un nouveau cigare.

— Pourquoi, mon Dieu, l'avons-nous laissée partir! soupirait la vieille. Si j'avais pu prévoir...

Elle ne précisa pas ce qu'elle aurait fait si elle avait pu prévoir les ennuis que lui attirerait la disparition de sa bru.

CHAPITRE

6

Où Maigret prend une décision qui stupéfie ses collaborateurs et où son bureau prend l'aspect d'un ring.

IL ETAIT TROIS HEURES quarante quand Maigret prit sa décision, quatre heures vingt-cinq quand l'interrogatoire commença. Mais le moment solennel, presque dramatique, ce fut celui de la décision.

L'attitude de Maigret fut une surprise pour ceux qui travaillaient avec lui dans la maison de la rue de la Ferme. Depuis le matin déjà, il y avait quelque chose d'inhabituel dans la façon dont le commissaire dirigeait les opérations. Ce n'était pas la première perquisition de ce genre à laquelle ils participaient, mais celle-ci, à mesure qu'on avançait, prenait un caractère différent des autres. C'était difficile à définir. Janvier, parce qu'il connaissait le mieux le patron, en eut l'impression le premier.

En les mettant au travail, Maigret avait eu une petite flamme joyeuse, presque féroce dans le regard ; il les avait un peu lâchés dans la maison comme il aurait lancé une meute sur une piste fraîche, les excitant, non de la voix, mais par toute son attitude.

Etait-ce devenu une affaire personnelle entre lui et Guillaume Serre? Plus exactement: est-ce que les événements se seraient déroulés de la même manière, Maigret aurait-il pris la même décision, au même moment, si l'homme de la rue de la Ferme n'avait pas été plus lourd que lui, physiquement et moralement?

Il semblait, depuis le début, impatient de se mesurer avec lui.

A d'autres moments, on aurait pu lui prêter d'autres mobiles, se demander s'il ne prenait pas un plaisir plus ou moins pervers à mettre la maison sens dessus dessous.

Il leur était rarement donné de travailler dans un intérieur comme celui-là, où tout était paisible et harmonieux, d'une harmonie sourde, en mineur, où les objets les plus vieillots n'avaient rien de ridicule et où, après des heures de recherches malignes, on n'avait pas relevé un seul détail équivoque.

Quand il avait parlé, à trois heures quarante, on n'avait toujours rien découvert. Une certaine gêne régnait chez les enquêteurs, qui s'attendaient à ce que le patron se retirât en s'excusant.

Qu'est-ce qui avait décidé Maigret? Le savait-il? Janvier alla jusqu'à le soupçonner d'avoir pris trop d'apéritifs quand, vers une heure, il était allé manger un morceau à la terrasse du bistrot d'en face. A son retour, en effet, une odeur de pernod était perceptible dans son haleine.

Eugénie n'avait pas mis la table pour ses patrons. Plusieurs fois, elle était venue chuchoter, tantôt à l'oreille de la vieille Mme Serre, tantôt à celle du dentiste. A certain moment, on avait vu la mère manger, debout, dans la cuisine, comme dans une maison en déménagement, et, un peu plus tard, Guillaume refusant de descendre, la femme de ménage lui avait monté un sandwich et une tasse de café.

On travaillait alors au grenier. C'était la partie la plus intime de la maison, plus intime que les chambres à coucher et que les armoires à linge. Il était vaste, éclairé par des lucarnes qui projetaient deux larges rectangles lumineux sur le plancher grisâtre. Janvier avait ouvert deux étuis à fusil en cuir, et un des hommes de l'identité judiciaire avait examiné les armes.

— Elles vous appartiennent?

— Elles appartenaient à mon beau-père. Je n'ai jamais chassé.

Une heure plus tôt, dans la chambre de Guillaume, on avait trouvé un revolver qui avait été examiné, et que Maigret avait placé dans le tas d'objets à emporter pour vérifications ultérieures.

Il y avait de tout, dans ce tas-là, y compris les fiches professionnelles du dentiste et, provenant d'un bonheur-du-jour, dans la chambre de la vieille dame, le certificat de décès de son mari et celui de sa première bru.

On voyait aussi un complet auquel Janvier avait remarqué un léger accroc à la manche, et que Guillaume Serre prétendait ne pas avoir porté depuis une dizaine de jours.

On errait parmi les vieilles malles, les caisses, les meubles boiteux qui avaient été montés au grenier parce qu'ils ne servaient plus. Dans un coin se trouvait une chaise d'enfant d'un ancien modèle, avec des boules de couleur des deux côtés de la tablette, et aussi un cheval de bois, sans queue ni crinière.

La besogne ne s'était pas arrêtée à l'heure du déjeuner. Tour à tour, les hommes étaient allés manger un morceau, et Moers s'était contenté d'un sandwich que le photographe lui avait apporté.

Vers deux heures, on téléphona à Maigret, du bureau, pour lui annoncer qu'un pli assez épais venait d'arriver par avion de Hollande. Il le fit ouvrir. C'étaient les lettres de Maria, écrites en hollandais.

— Faites venir un traducteur et mettez-le au travail.

— Ici?

— Oui. Qu'il ne quitte pas le Quai avant que j'arrive.

L'attitude de Guillaume Serre n'avait pas changé. Il les suivait, ne perdait aucun de leurs faits et gestes, mais pas un instant il ne parut troublé. Il avait une façon particulière de regarder Maigret et on comprenait que, pour lui, les autres ne comptaient pas. C'était bien une affaire entre deux hommes. Les inspecteurs n'étaient que des comparses. Même la P. J. n'existait pas. La lutte était plus personnelle. Et, dans le regard du dentiste, on lisait un sentiment difficile à définir, comme un reproche ou du mépris.

En tout cas, il ne se laissait pas impressionner par cette opération de grand style. Il ne protestait plus, subissait cette invasion de son domicile et de son intimité avec une résignation hautaine, sans qu'il fût possible de discerner chez lui la moindre angoisse.

Etait-ce un mou? Un dur? Les deux hypothèses

étaient également plausibles. Sa carcasse était celle d'un lutteur, son attitude celle d'un homme sûr de lui, et pourtant la phrase de Maria, qui parlait de lui comme d'un grand enfant, ne paraissait pas incongrue. Sa chair était blanche, malsaine. Dans un tiroir, on avait trouvé une liasse d'ordonnances médicales, épinglées en plusieurs tas, d'aucunes datant de vingt ans; l'historique des maladies de la famille devait pouvoir se reconstituer à l'aide de ces ordonnances, dont certaines étaient jaunies. Il y avait aussi, dans la salle de bains du premier étage, un petit meuble peint en blanc qui contenait des fioles pharmaceutiques, des boîtes de pilules nouvelles et anciennes.

Ici, on ne jetait rien, pas même les vieux balais, qui s'entassaient dans un coin du grenier à côté de chaussures éculées en cuir durci, qui ne serviraient plus jamais.

Chaque fois qu'on quittait une pièce pour s'attaquer à une autre, Janvier avait pour son patron un regard qui signifiait:

— Toujours rien!

Car Janvier s'attendait encore à une découverte. Est-ce que Maigret, au contraire, comptait qu'on ne trouverait rien? Il ne s'étonnait pas, les regardait faire, fumant sa pipe à bouffées paresseuses, oubliant parfois, pendant tout un quart d'heure, de jeter un coup d'oeil au dentiste.

On apprit sa décision d'une façon indirecte et cela lui donna un caractère encore plus frappant.

Tout le monde redescendait du grenier, où Guillaume Serre avait refermé les deux lucarnes. La mère venait de sortir de sa chambre pour les voir partir. Ils étaient debout sur le palier, dans un certain désordre.

Maigret s'était tourné vers Serre et avait dit comme la chose la plus naturelle du monde:

— Voulez-vous mettre une cravate et des chaussures?

Depuis le matin, en effet, l'homme était en pantoufles.

Serre avait compris, l'avait regardé, surpris sans aucun doute, mais sans en rien laisser paraître. Sa mère avait ouvert la bouche pour parler, pour protester ou pour réclamer des explications, et Guillaume lui avait serré le bras, l'avait entraînée dans sa chambre.

Janvier avait demandé tout bas:

— Vous l'arrêtez?

Maigret n'avait pas répondu. Il n'en savait rien. A vrai dire, cette décision, il venait de la prendre à l'instant même, ici, sur le palier.

:-:

— Entrez, monsieur Serre. Voulez-vous vous asseoir?

L'horloge, sur la cheminée, marquait quatre heures vingt-cinq. On était samedi. C'est par le mouvement de la rue, alors qu'ils traversaient la ville en voiture, que Maigret s'en était aperçu.

Le commissaire referma la porte. Les fenêtres étaient ouvertes et les papiers, sur le bureau, frémissaient sous les objets qui les empêchaient de s'envoler.

— Je vous ai demandé de vous asseoir.

Lui-même entra dans son placard pour y pendre son chapeau et son veston et se rafraîchir les mains à la fontaine d'émail.

Pendant dix minutes, il n'adressa pas la parole

au dentiste, occupé qu'il était à signer les pièces qui attendaient sur son bureau. Il sonna Joseph, lui remit le dossier, puis, avec des gestes lents et méticuleux, bourra la demi-douzaine de pipes rangées devant lui.

C'était rare que quelqu'un, dans la situation de Serre, tînt le coup si longtemps sans poser de question, sans s'énerver, sans croiser et décroiser les jambes.

On frappa enfin à la porte. C'était le photographe qui avait travaillé avec eux toute la journée et que Maigret avait chargé d'une mission. Il tendait au commissaire l'épreuve encore humide d'un document.

— Merci, Dambois. Vous resterez là-haut. Ne partez pas sans m'en avertir.

Il attendit que la porte soit refermée, alluma une des pipes:

Voulez-vous approcher votre chaise, monsieur Serre?

Ils se trouvèrent face à face, séparés par la largeur du bureau par-dessus lequel Maigret tendit le document qu'il tenait à la main.

Il n'ajouta aucun commentaire. Le dentiste prit la feuille, sortit des lunettes de sa poche, l'examina avec attention et la posa sur le meuble.

— Je vous écoute.

— Je n'ai rien à dire.

La photographie était celle d'une page du registre de quincailler, celle où était inscrite la vente de la seconde vitre et la seconde demilivre de mastic.

— Vous vous rendez compte de ce que cela implique?

— Dois-je comprendre que je suis inculpé?

Maigret hésita.

— Non, décida-t-il. Officiellement, vous êtes convoqué comme témoin. Si vous le désirez, cependant, je suis prêt à vous inculper, plus exactement à demander au procureur de vous inculper, ce qui vous permettrait de vous faire assister d'un avocat.

— Je vous ai déjà dit que je ne désire pas d'avocat.

Ce n'étaient que les premières passes. Deux poids lourds étaient en train de s'observer, de se mesurer de l'oeil, de se tâter, dans le bureau qui devenait une sorte de ring, et le silence régnait dans la pièce des inspecteurs, où Janvier venait de mettre ses collègues au courant.

— Je pense que ce sera long! leur avait-il dit.

— Le patron ira jusqu'au bout.

— Il a sa tête à ça.

Ils savaient tous ce que cela signifiait, et Janvier fut le premier à téléphoner à sa femme pour lui dire de ne pas s'étonner s'il ne rentrait pas de la nuit.

— Vous avez une maladie de coeur, monsieur Serre?

— Hypertrophie du coeur, comme vous, probablement.

— Votre père est mort d'une maladie de coeur alors que vous aviez dix-sept ans, n'est-ce pas?

— Dix-sept ans et demi.

— Votre première femme est morte d'une maladie de coeur. Votre seconde femme avait également une maladie de coeur.

— D'après les statistiques, trente pour cent des gens environ meurent d'une défaillance cardiaque.

— Vous êtes assuré sur la vie, monsieur Serre?

— Depuis mon enfance.

— J'ai vu, en effet, la police tout à l'heure. Votre mère, si je me souviens bien, n'est pas assurée.

— C'est exact.

— Votre père l'était?

— Je pense.

— Votre première femme aussi?

— Je vous ai vu emporter les documents.

— Et votre seconde femme?

— C'est assez habituel.

— Ce qui l'est moins, c'est de conserver une somme de plusieurs millions, en espèces et en or, dans un coffre-fort.

— Vous croyez?

— Voulez-vous me dire pourquoi vous gardez cet argent chez vous, sans qu'il porte intérêt?

— Je suppose que des milliers de gens, à notre époque, sont dans mon cas. Vous oubliez les lois monétaires qui ont plusieurs fois semé la panique, les impôts exceptionnels et les dévaluations successives...

— J'ai compris. Vous admettez que votre intention était de cacher ces capitaux et de frauder le fisc?

Serre se tut.

— Votre femme — je parle de la seconde, de Maria — savait-elle que cet argent était enfermé dans votre coffre?

— Elle le savait.

— Vous le lui aviez dit?

— Son propre argent s'y trouvait il y a quelques jours encore.

Il prenait son temps avant de répondre, pesait

ses mots, les laissait tomber un à un en regardant gravement le commissaire.

— Je n'ai pas trouvé de contrat de mariage parmi vos papiers. Dois-je en conclure que vous êtes mariés sous le régime de la communauté des biens.

— C'est juste.

— N'est-ce pas surprenant, étant donnés vos âges?

— Pour la raison dont j'ai déjà parlé. Un contrat nous aurait forcés à établir un inventaire de nos biens respectifs.

— La communauté n'en était pas moins fictive?

— Nous gardions chacun la disposition de notre avoir.

Tout cela n'était-il pas assez naturel?

— Votre femme était riche?

— Elle est riche.

— Autant, ou plus que vous?

— A peu près autant.

— Sa fortune se trouve entièrement en France?

— En partie seulement. Par son père, elle a hérité d'une part dans une fromagerie, en Hollande.

— Sous quelle forme gardait-elle ses autres biens?

— Principalement en or.

— Déjà avant de vous connaître?

— Je vois où vous voulez en venir. Néanmoins, je vous répondrai la vérité. C'est moi qui lui ai conseillé de vendre ses valeurs et d'acheter de l'or.

— Cet or se trouvait, avec le vôtre, dans votre coffre-fort?

— Il s'y trouvait.

— Jusqu'à quand?

— Mardi. Dans le début de l'après-midi, ses bagages presque terminés, elle est descendue et je lui ai remis ce qui lui appartenait.

— Cette somme était donc, lors de son départ, dans une des deux valises ou dans la malle?

— Je le suppose.

— Elle n'est pas sortie avant le dîner?

— Je ne l'ai pas entendue sortir.

— Donc, à votre connaissance, elle n'est pas sortie?

Il approuva de la tête.

— A-t-elle téléphoné?

— Le seul appareil téléphonique de la maison se trouve dans le bureau et elle ne s'en est pas servie.

Comment puis-je savoir, monsieur Serre, que l'argent que j'ai trouvé dans le coffre *est seulement* votre argent, et non le vôtre *et* celui de votre femme?

Sans s'émouvoir, avec toujours un air de lassitude ou de mépris, le dentiste tira de sa poche un carnet vert qu'il tendit au commissaire. Les pages en étaient couvertes de chiffres minuscules. Celles de gauche étaient surmontées de la lettre N; celles de droite de la lettre M.

— Que signifie le N?

— Nous. Je veux dire ma mère et moi. Nous avons toujours vécu à fonds communs, sans établir de distinction entre ce qui m'appartient et ce qui lui appartient.

— Le M, sans doute, est ici pour Maria?

— Vous avez raison.

— Je vois un certain chiffre qui revient à intervalles réguliers.

— Sa participation aux frais du ménage.

— Elle vous versait chaque mois le prix de sa pension?

— Si vous voulez. En réalité, elle ne me versait pas d'argent, puisque celui-ci se trouvait dans le coffre, mais son compte était débité d'autant.

Maigret passa quelques minutes à tourner les pages du carnet sans rien dire, se leva et passa dans le bureau voisin où, comme des élèves à l'école, les inspecteurs prirent tout de suite un air occupé.

Il donna, à voix basse, des instructions à Janvier, hésita à se faire monter de la bière, avala comme machinalement le fond de verre qui se trouvait sur le bureau de Vacher.

Quand il revint, Serre, qui n'avait pas changé de place, venait d'allumer un de ses longs cigares et murmura non sans insolence :

— Vous permettez?

Maigret hésita à répondre que non, haussa les épaules.

— Vous avez pensé à cette seconde vitre, monsieur Serre?

— Je ne m'en suis pas préoccupé.

— Vous avez tort. Il serait de beaucoup préférable que vous trouviez une explication plausible.

— Je n'en cherche pas.

— Vous continuez à soutenir que vous n'avez remplacé qu'une fois le carreau de votre bureau?

— Le lendemain de l'orage.

— Voulez-vous que nous nous assurions auprès du service météorologique qu'il n'y a pas eu d'orage à Neuilly la nuit de mardi à mercredi?

— C'est inutile. A moins que cela ne vous fasse plaisir. Je parle de l'orage de la semaine dernière.

— Vous êtes allé le lendemain à la quincaillerie de la rue de Longchamp et vous avez acheté une vitre et du mastic.

— Je vous l'ai déjà dit.

— Vous affirmez que, depuis, vous n'êtes pas retourné dans ce magasin?

Et il poussait vers lui la photographie du registre.

— Pourquoi, à votre avis, s'est-on donné la peine de porter une seconde fois au livre cet achat de vitre et de mastic?

— Je l'ignore.

— Pour quelle raison le commerçant déclare-t-il que vous êtes venu à son magasin mercredi, vers huit heures du matin?

— C'est son affaire.

— Quand vous êtes-vous servi pour la dernière fois de votre voiture?

— Dimanche dernier.

— Où êtes-vous allé?

— Nous avons roulé pendant deux ou trois heures, ma mère et moi, comme nous avons l'habitude de le faire le dimanche.

— Dans quelle direction?

— Vers la forêt de Fontainebleau.

— Votre femme vous accompagnait?

— Non. Elle ne se sentait pas bien.

— La séparation était décidée?

— Il n'a jamais été question de séparation. Elle était lasse, déprimée. Elle ne s'entendait pas toujours avec ma mère. D'un commun accord, nous avons décidé qu'elle irait passer quelques semaines ou quelques mois dans son pays.

— Elle n'en emportait pas moins son argent?

— Oui.

— Parce qu'il y avait une possibilité qu'elle ne revînt pas. Nous ne sommes plus des enfants. Nous sommes capables d'envisager la vie de sang-froid. C'est une sorte d'expérience que nous faisons.

— Dites-moi, monsieur Serre, pour se rendre à Amsterdam, il y a deux frontières à franchir, n'est-ce pas? Les douaniers français, à la sortie, sont assez stricts sur les questions de capitaux. Votre femme ne craignait-elle pas que son or fût découvert et saisi?

— Je suis obligé de répondre?

— Je pense que c'est votre intérêt.

— Même si je risque des poursuites?

— Elles seront probablement moins graves qu'une accusation de meurtre.

— Fort bien. Une des valises de ma femme était munie d'un double fond.

— En vue de ce voyage particulier?

— Non.

— Elle avait déjà eu l'occasion de s'en servir?

— A plusieurs reprises.

— Pour passer la frontière?

— La frontière belge et, une fois, la frontière suisse. Vous n'ignorez sans doute pas que, jusqu'à ces derniers temps, il était facile et moins onéreux de se procurer de l'or en Belgique et surtout en Suisse.

— Vous admettez votre complicité dans ces transferts de capitaux?

— Je l'admets.

Maigret se leva, retourna dans le bureau des inspecteurs.

— Tu peux venir un instant, Janvier?

Puis à Serre :

— Mon inspecteur va enregistrer cette partie de notre entretien. Veuillez lui répéter exactement ce que vous venez de me dire. Tu lui feras signer sa déposition, Janvier.

Il sortit, se fit désigner par Vacher le bureau où on avait installé le traducteur. C'était un petit homme à lunettes qui tapait directement sa traduction à la machine et s'arrêtait parfois pour consulter le dictionnaire qu'il avait apporté.

Il y avait quarante lettres au moins, la plupart comportant plusieurs feuillets.

— Par où avez-vous commencé?

— Par le commencement. J'en suis à la troisième lettre. Toutes les trois datent d'un peu plus de deux ans et demi. Dans la première, la dame raconte à son amie qu'elle va se marier, que son futur mari est un homme distingué, de belle prestance, appartenant à la grande bourgeoisie française, et que sa mère ressemble à je ne sais plus quelle peinture du Louvre. Je peux vous dire le nom du peintre.

Il feuilleta ses pages.

— Un Clouet. Il est tout le temps question de peinture dans ces lettres. Quand elle parle du temps qu'il fait, elle cite Monet ou Renoir.

— Je voudrais que, maintenant, vous commenciez par la fin.

— Si vous voulez. Savez-vous qu'en y passant la nuit je n'aurai pas fini demain matin?

— C'est pour cela que je vous demande de

commencer par la fin. De quand est la dernière lettre?

— Dimanche dernier.

— Vous pouvez me la lire rapidement?

— Je peux vous en donner une idée. Attendez.

« Gertrude chérie,

» Paris n'a jamais été si resplendissant que ce matin et j'ai bien failli accompagner G... et sa mère dans la forêt de Fontainebleau, qui doit se parer de toutes les splendeurs de Corot et de Courbet... »

— Il y en a long sur ces splendeurs?

— Je passe?

— Passez.

Le traducteur parcourait des yeux et remuait les lèvres comme à la messe.

— Voilà :

« Je me demande quel effet cela me fera de retrouver notre Hollande et ses tons pastels et, maintenant que le moment approche, je me sens lâche.

» Après tout ce que je t'ai écrit sur ma vie ici, sur G... et sur ma belle-mère, tu dois te demander ce qui m'arrive et pourquoi je ne suis plus joyeuse.

» C'est peut-être à cause de mon rêve de cette nuit, qui m'a gâché ma journée. Tu te souviens du petit tableau qui se trouve au musée de La Haye et qui nous a fait rougir? Il n'est pas signé. Il est attribué à un peintre de l'Ecole de Florence dont j'ai oublié le nom et représente un faune emportant sur son épaule une femme entièrement nue qui se débat. Tu te rappelles?

» Le faune, dans mon rêve, avait le visage de

G..., et son air était si farouche que je me suis réveillée tremblante et couverte de sueur.

» Pas de peur, c'est bien le plus étrange. Mon souvenir est confus. Il y avait de la peur, certes, mais aussi un autre sentiment. J'essayerai de te raconter cela mercredi, quand nous pourrons enfin bavarder comme nous l'avons tant fait lors de ton dernier voyage.

» Je partirai mardi soir, c'est décidé. Il n'y a aucun doute là-dessus. Cela ne fait plus que deux jours à attendre. J'ai des tas de choses à faire pendant ce temps-là. Le temps passera donc vite. Pourtant cela me paraît encore loin, presque irréel.

» Parfois, il me semble, surtout après ce rêve, qu'un événement se produira qui m'empêchera de partir.

» N'aie pas peur. Ma décision est définitive. Je suivrai ton conseil. Je ne peux pas supporter plus longtemps cette vie-ci. Mais... »

— Vous êtes là, patron?

C'était Janvier, des feuillets à la main.

— C'est fait. Il vous attend.

Maigret prit les papiers, laissa le traducteur à son travail, traversa, préoccupé, le bureau des inspecteurs.

Personne, à ce moment, ne prévoyait combien de temps durerait l'interrogatoire. Guillaume Serre leva les yeux vers le commissaire, prit de lui-même une plume sur le bureau.

— Je suppose que je dois signer?

— Ici. oui. Vous avez lu?

— J'ai lu. Puis-je vous demander un verre d'eau?

— Vous ne préféreriez pas du vin rouge?

Le dentiste le regarda, esquissa un sourire indéfinissable, lourd d'ironie et d'amertume.

— Cela aussi ? fit-il du bout des lèvres.

— Cela aussi, monsieur Serre. Vous avez si peur de votre mère que vous en êtes réduit à vous cacher pour boire.

— C'est une question ? Je dois répondre ?

— Si vous y tenez.

— Sachez donc que le père de ma mère était ivrogne, que ses deux frères, qui sont morts maintenant, l'étaient aussi, et que sa soeur a fini ses jours dans un asile d'aliénés. Ma mère a vécu dans la crainte de me voir boire à mon tour, car elle se refuse à croire que cette tendance n'est pas héréditaire. Lorsque j'étais étudiant, elle guettait mon retour avec angoisse, et il lui est arrivé de venir rôder autour des cafés du boulevard Saint-Michel où je me trouvais avec des amis. Il n'y a jamais eu d'alcool dans la maison et, s'il se trouve du vin à la cave, elle a gardé l'habitude d'en porter la clef sur elle.

— Elle vous concède un verre de vin coupé d'eau à chaque repas, n'est-ce pas ?

— Je sais qu'elle est venue vous voir et vous a parlé.

— Elle vous a répété ce qu'elle m'a dit ?

— Oui.

— Vous aimez beaucoup votre mère, monsieur Serre ?

— Nous avons presque toujours vécu seuls, elle et moi.

— Un peu comme un ménage ?

Il rougit légèrement.

— Je ne sais pas ce que vous voulez dire.

— Votre mère est jalouse ?

— Pardon?

— Je vous demande si votre mère, comme cela arrive dans le cas d'une veuve avec un fils unique, se montre jalouse de vos relations. Vous avez beaucoup d'amis?

— Cela a-t-il un rapport avec la soi-disant disparition de ma femme?

— Je n'ai pas trouvé dans la maison une seule lettre venant d'un ami, une seule de ces photographies de groupes comme on en trouve chez la plupart des gens.

Il ne dit rien.

— Il n'y a pas non plus de photographie de votre première femme.

Toujours le silence.

— Un autre détail m'a frappé, monsieur Serre. Le portrait suspendu au-dessus de la cheminée est bien celui de votre grand-père maternel?

— Oui.

— Celui qui buvait?

Signe d'assentiment.

— Dans un tiroir, j'ai mis la main sur un certain nombre de portraits de vous enfant et jeune homme, de portraits de femmes et d'hommes qui doivent être ceux de votre grand-mère, de votre tante et de vos oncles. Toujours du côté maternel. Ne vous paraît-il pas surprenant qu'il n'y ait pas un seul portrait de votre père ni de sa famille?

— Cela ne m'avait pas frappé.

—Ont-ils été détruits après la mort de votre père?

— Ma mère est mieux placée que moi pour répondre à cette question.

— Vous ne vous souvenez pas qu'on les ait détruits?

— J'étais assez jeune.

— Vous aviez dix-sept ans. Quelle image avez-vous gardé de votre père, monsieur Serre?

— Cela fait partie de l'interrogatoire?

— Ni mes questions, ni vos réponses, comme vous le voyez, ne sont enregistrées. Votre père était avoué?

— Oui.

— Il s'occupait personnellement de son étude?

— Assez peu. Son premier clerc assumait le plus gros de la tâche.

— Avait-il une vie mondaine? Menait-il une existence exclusivement familiale?

— Il sortait beaucoup.

— Il avait des maîtresses?

— Je n'en sais rien.

— Il est mort dans son lit?

— Dans l'escalier, en regagnant sa chambre.

— Vous étiez dans la maison?

— J'étais sorti. Quand je suis rentré, il était mort depuis près de deux heures.

— Qui l'a soigné?

— Le docteur Dutilleux.

— Il vit encore?

— Il est mort il y a au moins dix ans.

— Vous étiez présent quand votre première femme est morte?

Il fronça ses épais sourcils en regardant Maigret fixement, et sa lèvre inférieure s'avança avec une sorte de dégoût.

— Répondez, je vous en prie.

— J'étais dans la maison.

— Dans quelle partie de la maison.

— Dans mon bureau.

— Quelle heure était-il?

— Environ neuf heures du soir.

— Votre femme se tenait dans sa chambre?

— Elle était montée de bonne heure. Elle ne se sentait pas bien.

— Il y avait plusieurs jours qu'elle ne se sentait pas bien?

— Je ne m'en souviens pas.

— Votre mère était avec elle?

— Elle était au premier étage aussi.

— Avec elle?

— Je l'ignore.

— C'est votre mère qui vous a appelé?

— Je crois.

— Quand vous êtes arrivé dans la chambre, votre femme était morte?

— Non.

— Elle est morte longtemps après?

— Quinze ou vingt minutes plus tard. Le docteur sonnait à la porte.

— Quel docteur?

— Dutilleux.

— C'était votre médecin de famille?

— Il me soignait déjà quand j'étais enfant.

— Un ami de votre père?

— De ma mère.

— Il a des enfants?

— Deux ou trois.

— Vous les avez perdus de vue?

— Je ne les ai pas connus personnellement.

— Pourquoi n'avez-vous pas signalé à la police qu'on avait essayé de forcer votre coffre-fort?

— Je n'ai rien eu à signaler à la police.

— Qu'avez-vous fait des outils?

— Quels outils?

— Ceux que le cambrioleur a laissés sur les lieux en s'enfuyant.

— Je n'ai vu ni outils, ni cambrioleur.

— Vous ne vous êtes pas servi de votre voiture la nuit de mardi à mercredi?

— Je ne m'en suis pas servi.

— Vous ignorez si quelqu'un l'a utilisée?

— Je n'ai pas eu l'occasion, depuis, de pénétrer dans le garage.

— Lorsque vous y avez mis votre voiture, dimanche dernier, y avait-il des éraflures dans le coffre arrière et sur le garde-boue de droite?

— Je n'ai rien remarqué.

— Etes-vous descendus d'auto, votre mère et vous?

Il resta un moment sans répondre.

— Je vous ai posé une question.

— J'essaie de me souvenir.

— Cela ne me paraît pas difficile. Vous vous êtes promenés sur la route de Fontainebleau. Avez-vous mis pied à terre?

— Oui. Nous avons marché dans la campagne.

— Vous voulez dire sur un chemin de campagne?

— Un petit chemin entre les prés, à droite de la route.

— Vous pourriez retrouver ce chemin?

— Je crois.

— Il est goudronné?

— Je ne pense pas. Non. C'est improbable.

— Où est votre femme, monsieur Serre?

Et le commissaire se leva sans s'attendre à une réponse.

— Il faudra bien que nous la retrouvions, n'est-ce pas?

CHAPITRE

7

Où l'on voit une Jemme, puis deux, dans la salle d'attente, et où l'une d'elles fait signe à Maigret de ne pas la reconnaître.

VERS CINQ HEURES, déjà, Maigret s'était levé un instant pour aller ouvrir la porte qui faisait communiquer son bureau avec celui des inspecteurs et avait adressé un clin d'oeil à Janvier. Un peu plus tard, il s'était levé à nouveau pour aller fermer la fenêtre, malgré la chaleur, à cause des bruits du dehors.

A six heures moins dix, il passa dans le bureau voisin, son veston à la main.

— A toi ! dit-il à Janvier.

Celui-ci et ses camarades avaient compris depuis longtemps. Déjà quand, rue de la Ferme, le commissaire avait ordonné à Serre de le suivre, Janvier était à peu près sûr qu'il ne quitterait pas le quai des Orfèvres de si tôt. Ce qui l'étonnait, c'est que le patron eût pris sa décision si brusquement, sans attendre d'avoir tous les éléments en main.

— Elle est dans l'antichambre, souffla-t-il à mi-voix.

— Qui ?

— La mère.

Maigret installa derrière la porte un jeune inspecteur, Marlieux, qui connaissait la sténographie.

— Les mêmes questions? demanda Janvier.

— Les mêmes. Et toutes celles qui te passeront par la tête.

Il s'agissait de harasser le dentiste. Les autres se relayeraient, iraient boire une tasse de café, ou un demi, reprendre contact avec la vie du dehors, tandis qu'il resterait aussi longtemps qu'il le faudrait dans le même bureau, sur la même chaise.

Maigret commença par une visite au traducteur, qui s'était décidé à retirer son veston et sa cravate.

— Que raconte-t-elle?

— J'ai traduit les quatre dernières lettres. Voici, dans l'avant-dernière, un passage qui vous intéressera peut-être.

« C'est décidé, ma bonne Gertrude. Je me demande encore comment cela a eu lieu. Pourtant, je n'ai pas rêvé la nuit dernière, ou, si je l'ai fait, je ne m'en souviens pas. »

— Elle parle beaucoup de ses rêves?

— Oui. Il en est souvent question. Et elle les interprète.

— Continuez.

« Tu m'as souvent demandé ce qui n'allait pas et je te répondais que tu te faisais des idées et que j'étais heureuse. La vérité, c'est que j'essayais de m'en persuader moi-même.

» J'ai honnêtement fait tout mon possible, pendant deux ans et demi, pour me figurer que j'étais chez moi dans cette maison et que G... était mon mari.

» La vérité, vois-tu, c'est que je savais que ce n'était pas vrai, que j'ai toujours été une étrangère, bien plus étrangère que dans la pension de famille que tu connais et où nous avons passé de si bonnes heures.

» Comment me suis-je soudain décidée à voir les choses telles qu'elles sont?

» Te rappelles-tu, quand nous étions petites? Nous nous complaisions à comparer tout ce que nous voyions : les gens, les rues, les animaux, à des images de nos albums. Nous voulions que la vie leur ressemblât. Puis, plus tard, quand nous avons commencé à visiter les musées, c'étaient les tableaux que nous prenions comme point de comparaison.

» J'ai fait de même ici, mais je l'ai fait exprès, sans y croire, et ce matin j'ai vu soudain la maison comme elle est réellement, j'ai regardé ma belle-mère, j'ai regardé G..., avec des yeux nouveaux, sans illusion.

» Je n'en avais plus depuis longtemps — je parle des illusions. Tu dois me comprendre. Je n'en avais plus, mais je m'obstinais à en garder.

» C'est fini. Du coup, j'ai décidé de partir. Je n'en ai encore parlé à personne. La vieille dame ne s'en doute pas. Elle est toujours la même avec moi, douce et souriante, à condition que je fasse tout ce qu'elle désire.

» *C'est la femme la plus égoïste que je connaisse.* »

— Ces mots sont soulignés, remarqua le traducteur. Je continue?

« Quant à G..., je me demande si ce ne sera

pas un soulagement pour lui de me voir partir. Il sait depuis le début qu'il n'y a rien de commun entre nous. Je n'ai jamais pu m'habituer à sa peau, à son odeur. Comprends-tu maintenant pourquoi nous n'avons pas partagé la même chambre, ce qui t'étonnait tant au début?

» Après deux ans et demi, c'est exactement comme si je venais de le rencontrer dans la rue ou dans le métro, et j'ai le même sursaut chaque fois qu'il lui arrive de venir me retrouver. Heureusement que ce n'est pas souvent.

» Je pense même, entre nous, qu'il ne vient que croyant me faire plaisir, ou estimant que c'est son devoir.

» Peut-être est-ce sa mère qui le lui dit? C'est possible. Ne ris pas. Je ne sais pas comment cela se passe avec ton mari, mais, pour ce qui est de G..., il a l'air penaud d'un élève à qui on donne cinq pages à copier. Tu me comprends?

» Je me suis souvent demandé s'il en était de même avec sa première femme. C'est probable. Il en serait sans doute ainsi avec n'importe qui. Ces gens-là, vois-tu, je parle de la mère et du fils, constituent un monde à eux seuls et n'ont besoin de personne.

» On est surpris à l'idée que la vieille dame a eu jadis un mari. On n'en parle jamais dans la maison. En dehors d'eux, il n'existe au monde que les gens dont les portraits sont aux murs, des gens qui sont morts, mais dont on s'entretient comme s'ils étaient plus vivants que tous les vivants de la terre.

» Je n'en peux plus, Gertrude. Tout à l'heure, je parlerai à G... Je lui dirai que j'ai besoin d'aller prendre l'air du pays, et il comprendra. Ce que je me demande, c'est comment il osera en parler à sa mère... »

— C'est encore long? questionna Maigret.

— Sept pages.

— Continuez à traduire. Je reviendrai.

A la porte, il se retourna.

— Quand vous aurez faim ou soif, téléphonez à la *Brasserie Dauphine*. Faites-vous apporter ce que vous voudrez.

— Je vous remercie.

Du couloir, il vit, dans la salle d'attente vitrée, la vieille Mme Serre assise sur une des chaises à fond de velours vert. Elle se tenait droite, les mains croisées sur son giron. Quand elle aperçut Maigret, elle eut un mouvement pour se lever, mais il passa sans s'arrêter et s'engagea dans l'escalier.

L'interrogatoire était à peine commencé et pourtant c'était déjà un étonnement de voir la vie qui continuait dehors, dans le soleil, des gens qui allaient et venaient, des taxis, des autobus avec des hommes qui lisaient le journal du soir sur la plate-forme en rentrant chez eux.

— Rue Gay-Lussac ! dit-il au chauffeur. Je vous arrêterai.

Les grands arbres du jardin du Luxembourg frémissaient sous la brise, et toutes les chaises étaient occupées; il y avait beaucoup de robes claires ; quelques enfants jouaient encore dans les allées.

— Me Orin est chez lui? demanda-t-il à la concierge.

— Il y a plus d'un mois qu'il n'est pas descendu, le pauvre.

Maigret s'était tout à coup souvenu de lui.

C'était probablement le plus vieil avoué de Paris. Le commissaire ignorait son âge, mais il l'avait toujours connu vieux, à moitié impotent, ce qui ne l'empêchait pas de montrer un visage toujours souriant et de parler des femmes avec des yeux guillerets.

Il vivait en compagnie d'une bonne presque aussi âgée que lui, dans un appartement de célibataire encombré de livres et de gravures dont il faisait collection, et la plupart de ces gravures traitaient de sujets galants.

Orin était assis dans un fauteuil devant la fenêtre ouverte, une couverture sur les genoux, malgré la température.

— Alors, fiston? Quel bon vent? Je commençais à croire que personne ne se souvenait de moi et qu'on me croyait depuis longtemps au Père-Lachaise. De quoi s'agit-il, cette fois-ci?

Il ne se faisait pas d'illusions, et Maigret rougit un peu, car, en effet, il avait rarement rendu à l'avoué une visite désintéressée.

— Je me suis demandé tout à l'heure si, par hasard, vous n'auriez pas connu un certain Serre qui, si je ne me trompe, est mort il y a trente-deux ou trente-trois ans.

— Alain Serre?

— Il était avoué.

— C'est Alain.

— Quel homme était-ce?

— Je suppose que je n'ai pas le droit de savoir de quoi il s'agit?

— De son fils.

— Je n'ai jamais vu le gamin. Je savais qu'il existait, mais je ne l'ai jamais rencontré. Voyez-vous, Maigret, Alain et moi faisions partie d'une bande joyeuse pour qui la vie de famille n'était pas le fin du fin. On nous rencontrait surtout au cercle et dans les coulisses des petits théâtres, et nous connaissions toutes les danseuses par leur prénom.

Il ajouta avec un sourire égrillard :

— Si je puis dire !

— Vous n'avez pas connu sa femme ?

— J'ai dû lui être présenté. N'habitait-elle pas quelque part à Neuilly ? Pendant quelques années, Alain a disparu de la circulation. Il n'était pas le premier à qui cela arrivait. Il y en avait même qui, une fois mariés, nous regardaient d'un air distant. Je ne comptais pas le revoir. Puis, bien longtemps après...

— Combien de temps à peu près ?

— Je ne sais pas. Des années. Attendez. Le cercle avait déjà été transféré du faubourg Saint-Honoré à l'avenue Hoche. Dix ans ? Douze ans ? Toujours est-il qu'il nous est revenu. Il avait un drôle d'air, au début, comme s'il s'imaginait que nous lui en voulions de nous avoir lâchés.

— Alors ?

— Rien. Il a mis les bouchées doubles. Attendez. Il a été longtemps avec une petite chanteuse à la grande bouche qu'on appelait... Un surnom que nous lui avions donné... Quelque chose de salé... Cela ne me revient pas.

— Il buvait ?

— Pas plus que n'importe qui. Deux ou trois bouteilles de champagne à l'occasion...

— Que lui est-il arrivé ?

— Ce qui finit par nous arriver à tous. Il est mort.

— C'est tout.

— La suite, fiston, il faut aller la demander là-haut. C'est l'affaire de saint Pierre et non la mienne. Quel méfait son fils a-t-il commis?

— Je n'en sais encore rien. Sa femme a disparu.

— Un rigolo?

— Non. Tout le contraire.

— Juliette ! Servez-nous quelque chose.

Maigret dut rester encore un quart d'heure avec le vieillard qui s'obstinait à retrouver, parmi ses gravures, un croquis de la chanteuse.

— Je ne jure pas que ce soit ressemblant. C'est un type plein de talent qui a fait ça, un soir que nous étions une bande dans son atelier.

La fille était nue et marchait sur les mains, ne montrant rien de son visage pour la bonne raison que ses cheveux balayaient le plancher.

— Revenez me voir, mon petit Maigret. Si vous aviez eu le temps de partager mon modeste repas...

Une bouteille de vin chambrait dans un coin de la pièce, et l'appartement sentait bon la cuisine.

-:-

La police de Rouen n'avait pas plus retrouvé Alfred-le-Triste que celle du Havre. Probablement le spécialiste des coffres-forts n'était-il déjà plus dans cette ville. S'était-il encore rapproché de Paris? Avait-il lu l'annonce d'Ernestine?

Maigret avait envoyé un inspecteur en mission le long des quais.

— Où est-ce que je commence?

— Aussi loin en amont que tu pourras.

Il avait téléphoné à sa femme qu'il ne rentrerait pas dîner.

— Tu crois que je te verrai cette nuit.

— Peut-être que non.

Il ne l'espérait pas trop. Il savait, lui aussi, qu'il avait pris une grosse responsabilité en brusquant les choses et en amenant Guillaume Serre au quai des Orfèvres avant d'avoir la moindre preuve.

Maintenant, il était trop tard. Il ne pouvait plus le lâcher.

Il se sentait lourd, maussade. Il s'assit à la terrasse de la *Brasserie Dauphine*, mais, après avoir lu la carte d'un bout à l'autre, il finit par commander un sandwich et un verre de bière, car il n'avait pas faim.

Il remonta l'escalier de la P. J. à pas lents. On venait d'allumer les lampes, bien qu'il fît encore jour. Quand sa tête arriva au niveau du premier étage, il jeta un coup d'oeil machinal dans la salle d'attente, et le premier objet qu'il vit fut un chapeau vert qui commençait à lui taper sur les nerfs.

Ernestine était là, assise en face de Mme Serre, les mains sur son giron comme la vieille dame, avec le même air patient et résigné. Elle le vit tout de suite, et alors elle mit exprès de la fixité dans ses prunelles, remua légèrement la tête dans un geste négatif.

Il crut comprendre qu'elle lui demandait de ne pas la reconnaître. Aussitôt après, elle se mit à parler à la vieille dame, comme si elles avaient lié connaissance depuis un bon moment.

Il haussa les épaules, poussa la porte du bureau des inspecteurs. Le sténographe travaillait, un bloc de papier sur les genoux. On entendait la voix lasse de Janvier, scandée par les pas de l'inspecteur qui allait et venait dans la pièce voisine.

— Vous prétendez, monsieur Serre, que votre femme est allée chercher un taxi au coin du boulevard Richard-Wallace. Combien de temps est-elle restée absente ?

Avant de prendre la relève, il grimpa dans le grenier de Moers, qui était occupé à classer des documents.

— Dis-moi, petit, en dehors de la poussière de brique, il n'y avait pas d'autres traces dans l'auto ?

— La voiture a été nettoyée avec soin.

— Tu en es sûr ?

— C'est par hasard que j'ai retrouvé un peu de brique pilée dans un repli du tapis, à la place du chauffeur.

— Suppose que l'auto n'ait pas été nettoyée et que le conducteur soit descendu sur une route de campagne.

— Une route goudronnée ?

— Non. Suppose, dis-je, qu'il soit descendu, ainsi que la personne qui était avec lui, qu'il se soient promenés tous les deux sur le chemin et qu'ils soient remontés en voiture.

— Et qu'on n'ait pas nettoyé celle-ci ?

— Oui.

— Il y aurait des traces. Peut-être pas beaucoup. Mais je les aurais retrouvées.

— C'est tout ce que je voulais savoir. Ne t'en vas pas.

— J'ai compris. A propos, j'ai trouvé deux cheveux dans la chambre de la femme qui a disparu. Elle était naturellement blonde, mais se teignait en un blond roussâtre. Je sais aussi de quelle poudre de riz elle se servait.

Le commissaire redescendit, entra cette fois dans son bureau en se débarrassant de son veston. Il avait fumé la pipe toute l'après-midi. Janvier avait fumé la cigarette, et Serre le cigare. L'air était bleu d'une fumée qui formait une nappe de brouillard à la hauteur de la lampe.

— Vous n'avez pas soif, monsieur Serre?

— L'inspecteur m'a donné un verre d'eau.

Janvier sortait.

— Vous ne préféreriez pas un verre de bière? ou de vin?

Toujours cet air d'en vouloir à Maigret personnellement de ces petits pièges.

— Je vous en remercie.

— Un sandwich?

— Vous comptez me retenir longtemps?

— Je n'en sais rien. C'est possible. Cela dépendra de vous.

Il se dirigea vers la porte, s'adressa aux inspecteurs.

— Quelqu'un peut-il apporter une carte routière des environs de Fontainebleau?

Il prenait son temps. Tout cela, c'étaient des mots, c'était en quelque sorte la surface.

— En allant manger, tu feras monter des sandwiches et de la bière, Janvier.

— Bien, patron.

On lui apporta la carte routière.

— Montrez-moi l'endroit où, dimanche, vous avez arrêté votre voiture.

Serre chercha un moment, prit un crayon sur

le bureau, traça une croix à l'intersection de la route et d'un chemin rural.

— S'il y a une ferme au toit rouge sur la gauche, c'est ce chemin-ci.

— Combien de temps avez-vous marché?

— Environ un quart d'heure.

— Vous portiez les mêmes souliers qu'aujourd'hui?

Il réfléchit, regarda ses souliers, fit oui de la tête.

— Vous en êtes sûr?

— Certain.

Ces souliers avaient des talons de caoutchouc dans lesquels des cercles concentriques étaient imprimés autour de la marque de fabrique.

— Vous ne croyez pas, monsieur Serre, qu'il serait plus simple et moins fatiguant de vous mettre à table? A quel moment avez-vous tué votre femme?

— Je ne l'ai pas tuée.

Maigret soupira, alla donner de nouvelles instructions à côté. Tant pis! Cela prendrait probablement encore des heures. Le teint du dentiste était déjà un peu moins frais que ce matin, et un cerne commençait à se dessiner sous ses yeux.

— Pourquoi l'avez-vous épousée?

— Ma mère me l'a conseillé.

— Pour quelle raison?

— Par crainte que je reste seul un jour. Elle se figure que je suis encore un enfant et que j'ai besoin de quelqu'un pour s'occuper de moi.

— Et pour vous empêcher de boire?

Silence.

— Je suppose qu'il n'était pas question d'amour entre Maria Van Aerts et vous?

— Nous approchions tous les deux de la cinquantaine.

— Quand les disputes ont-elles commencé?

— Il n'y a jamais eu de disputes.

— A quoi passiez-vous vos soirées, monsieur Serre?

— Moi?

— Vous.

— Le plus souvent à lire, dans mon bureau.

— Et votre femme?

— A écrire, dans sa chambre. Elle se couchait de bonne heure.

— Votre père a-t-il beaucoup perdu d'argent?

— Je ne comprends pas.

— Avez-vous entendu dire que votre père menait ce qu'il appelait en ce temps-là une vie de bâton de chaise?

— Il sortait beaucoup.

— Il dépensait de grosses sommes?

— Je crois.

— Votre mère lui faisait des scènes?

— Nous ne sommes pas des gens à faire des scènes.

— Combien votre premier mariage vous a-t-il rapporté?

— Nous ne parlons pas le même langage.

— Votre première femme et vous étiez mariés sous le régime de la communauté de biens?

— C'est exact.

— Or elle avait de la fortune. Vous en avez donc hérité.

— N'est-ce pas normal?

— Tant que le corps de votre seconde femme

ne sera pas découvert, vous ne pourrez pas hériter d'elle.

— Pourquoi ne la retrouverait-on pas vivante?

— Vous y croyez, Serre?

— Je ne l'ai pas tuée.

— Pourquoi avez-vous sorti votre voiture mardi soir?

— Je ne l'ai pas sortie.

— La concierge de la maison d'en face vous a vu. Il était aux alentours de minuit.

— Vous oubliez qu'il y a trois garages, trois anciennes écuries, dont les portes se touchent. C'était la nuit, vous le dites vous-même. Elle a pu confondre.

— Le quincaillier, lui, n'a pas pu prendre quelqu'un d'autre pour vous, en plein jour, quand vous êtes venu lui acheter du mastic et une seconde vitre.

— Ma parole vaut la sienne.

— A condition que vous n'ayez pas tué votre femme. Qu'est-ce que vous avez fait des valises et de la malle?

— C'est la troisième fois que l'on me pose cette question. Cette fois, vous oubliez de parler des outils.

— Où étiez-vous, mardi vers minuit?

— Dans mon lit.

— Vous avez le sommeil léger, monsieur Serre?

— Non. Ma mère, oui.

— Vous n'avez rien entendu ni l'un ni l'autre?

— Je crois vous l'avoir déjà affirmé.

— Et mercredi matin, vous avez trouvé la maison en ordre?

— Je suppose, puisqu'une information est ouverte, que vous avez le droit de me questionner. Vous avez décidé, n'est-ce pas? de m'avoir à l'endurance. Votre inspecteur m'a déjà posé ces questions-là. Cela recommence. Je prévois que cela durera toute la nuit. Pour gagner du temps, je vous répète une fois pour toutes que je n'ai pas tué ma femme. Je vous annonce aussi que je ne répondrai plus aux questions qui m'ont déjà été posées. Ma mère est ici?

— Vous avez des raisons de penser qu'elle y est?

— Cela vous paraît anormal?

— Elle est assise dans la salle d'attente.

— Vous comptez l'y laisser passer la nuit?

— Je ne ferai rien pour l'en empêcher. Elle est libre.

Cette fois, Guillaume Serre le regarda avec haine.

— Je ne voudrais pas faire votre métier.

— Je ne voudrais pas être à votre place.

Ils se regardèrent en silence, aucun des deux ne voulant baisser les yeux.

— Vous avez tué votre femme, Serre. Comme, probablement, vous avez tué la première.

L'autre ne broncha pas.

— Vous l'avouerez.

Un sourire de dédain passa sur les lèvres du dentiste, qui se renversa sur sa chaise et croisa les jambes.

On entendait, à côté, le garçon de la *Brasserie Dauphine* qui posait des assiettes et des verres sur le bureau.

— J'accepterais de manger un morceau.

— Vous désirez peut-être retirer votre veston?

— Non.

Il se mit à manger lentement son sandwich, tandis que Maigret allait lui remplir un verre d'eau à la fontaine, dans le placard.

Il était huit heures du soir.

-:-

On vit les vitres s'assombrir progressivement, le paysage s'effacer pour faire place à des points lumineux qui semblaient aussi lointains que des étoiles.

Maigret dut envoyer chercher du tabac. A onze heures, le dentiste fumait son dernier cigare, et l'atmosphère était de plus en plus lourde. Deux fois, le commissaire était allé se promener dans la maison et avait revu les deux femmes dans la salle d'attente. La seconde fois, leurs chaises s'étaient rapprochées et elles bavardaient comme si elles se connaissaient depuis toujours.

— Quand avez-vous nettoyé votre voiture?

— Elle a été nettoyée pour la dernière fois voilà deux semaines, dans un garage de Neuilly, en même temps qu'on effectuait la vidange d'huile.

— Elle a été nettoyée à nouveau depuis dimanche?

— Non.

— Voyez-vous, monsieur Serre, nous venons de nous livrer à une expérience concluante. Un de mes inspecteurs, qui portait, comme vous, des talonnettes en caoutchouc, s'est rendu au croisement que vous avez désigné, sur la route de Fontainebleau. Ainsi que vous déclarez l'avoir fait dimanche avec votre mère, il est descendu de voiture et s'est promené sur le chemin rural. Celui-ci n'est pas goudronné. Il est remonté dans l'auto et est revenu ici.

» Les spécialistes de l'identité judiciaire, qui passent pour connaître leur métier, ont alors examiné le tapis de la voiture.

» Voici la poussière et le gravillon qu'ils ont récoltés. »

Il poussa un sachet sur le bureau.

Serre ne fit pas un geste vers le sac de papier.

— Nous aurions dû retrouver les mêmes poussières sur le tapis-brosse de votre voiture.

— Cela prouve que j'ai tué ma femme?

— Cela prouve que l'auto a été nettoyée depuis dimanche.

— Personne n'a pu pénétrer dans mon garage?

— C'est improbable.

— Vos hommes n'y sont pas entrés?

— Que voulez-vous insinuer?

— Rien, monsieur le commissaire. Je n'accuse personne. Je vous fais seulement remarquer que cette opération a eu lieu sans témoin, donc sans garantie légale.

— Vous ne désirez pas parler à votre mère?

— Vous aimeriez savoir ce que j'ai à lui dire? Rien, monsieur Maigret. Je n'ai rien à lui dire, et elle n'a rien à me dire.

Une pensée lui vint soudain.

— Elle a mangé?

— Je l'ignore. Je vous répète qu'elle est libre.

— Elle ne sortira pas d'ici tant que j'y serai.

— Elle risque d'y rester longtemps.

Serre baissa les yeux, changea de ton. Après une longue hésitation, il murmura, un peu honteux, semblait-il :

— Je suppose que ce serait trop vous demander que de lui faire porter un sandwich?

— Il y a longtemps que c'est fait.

— Elle l'a mangé?

— Oui.

— Comment est-elle?

— Elle parle tout le temps.

— A qui?

— A une certaine personne qui se trouve, elle aussi, dans la salle d'attente. Une ancienne fille publique.

Et il y eut à nouveau de la haine dans les yeux du dentiste.

— Vous l'avez fait exprès, n'est-ce pas?

— Même pas.

— Ma mère n'a rien à dire.

— Tant mieux pour vous.

Ils passèrent près d'un quart d'heure en silence, puis Maigret se traîna dans le bureau voisin, plus maussade que jamais, fit signe à Janvier qui sommeillait dans un coin.

— La même chose, patron?

— Tout ce que tu voudras.

Le sténographe était éreinté. Le traducteur travaillait toujours dans son cagibi.

— Va me chercher Ernestine, celle des deux qui a un chapeau vert, et amène-la dans le bureau de Lucas.

Quand la Grande Perche entra, elle n'avait pas l'air contente.

— Vous n'auriez pas dû m'interrompre. Elle va se douter de quelque chose.

Peut-être parce que la nuit était avancée, Maigret se mit à la tutoyer, naturellement.

— Qu'est-ce que tu lui as raconté?

— Que je ne savais pas pourquoi on m'avait fait venir, que mon mari était parti depuis deux jours et que j'étais sans nouvelles, que je détestais la police et les trucs qu'elle manigance.

» — Ils me font attendre exprès pour m'impressionner ! lui ai-je dit. Ils s'imaginent qu'ils ont tous les droits.

— Qu'a-t-elle répondu ?

— Elle m'a demandé si j'étais déjà venue. J'ai dit que oui, que j'avais été questionnée toute une nuit, il y a un an, parce que mon mari avait eu une bataille dans un café et qu'on prétendait qu'il avait donné un coup de couteau. Au début, elle me regardait d'un air presque dégoûté. Puis, petit à petit, elle s'est mise à me poser des questions.

— Sur quoi ?

— Surtout sur vous. Je lui ai sorti tout le mal que je pouvais. J'ai eu soin d'ajouter que vous parveniez toujours à faire parler les gens, quitte à employer des moyens brutaux.

— Hein ?

— Je sais ce que je fais. Je lui ai cité le cas de quelqu'un que vous aviez gardé tout nu dans votre bureau pendant vingt-quatre heures, en plein hiver, en ayant soin que la fenêtre restât ouverte.

— Cela n'a jamais existé.

— Cela l'impressionne. Elle est moins sûre d'elle que quand je suis arrivée. Elle passe son temps à tendre l'oreille.

» — Il les bat ? m'a-t-elle demandé.

» — Cela arrive.

» Vous ne voulez pas que j'aille la retrouver ?

— Si tu veux.

— Seulement, j'aimerais être reconduite dans la salle d'attente par un inspecteur, et qu'il se montre rude avec moi.

— Toujours pas de nouvelles d'Alfred.

— Vous non plus?

Maigret la renvoya comme elle l'avait demandé et l'inspecteur revint avec un drôle de sourire.

— Qu'est-il arrivé?

— Presque rien. Quand je suis passé devant la vieille, elle a levé le bras comme si elle s'attendait à ce que je la frappe. A peine hors du bureau, la Grande Perche s'est mise à pleurer.

Mme Maigret téléphonait pour savoir si son mari avait mangé.

— Je ne t'attends pas?

— Sûrement pas.

Il avait mal à la tête. Il était mécontent de lui, des autres. Peut-être était-il un peu inquiet aussi. Il se demandait ce qui arriverait si on recevait tout à coup un appel téléphonique de Maria Van Aerts annonçant qu'elle avait changé ses plans et était tranquillement installée dans une ville quelconque.

Il but un demi déjà tiède, recommanda d'en faire monter d'autres avant la fermeture de la brasserie et rentra dans son bureau, où Janvier avait ouvert la fenêtre. La ville avait cessé d'être bruyante. De temps en temps un taxi franchissait le pont Saint-Michel.

Il s'assit, les épaules lasses. Janvier sortit. Après un long silence, il dit rêveusement :

— Votre mère est en train de s'imaginer que je vous torture.

Il fut surpris de voir son interlocuteur relever

vivement la tête et, pour la première fois, il lut de l'inquiétude sur son visage.

— Qu'est-ce qu'on lui a raconté?

— Je ne sais pas. C'est probablement la fille qui attend avec elle. Ces personnes-là aiment inventer des histoires pour se rendre intéressantes.

— Je peux la voir?

— Qui?

— Ma mère.

Maigret fit mine d'hésiter, de peser le pour et le contre, hocha enfin la tête.

— Non, décida-t-il. Je crois que je vais l'interroger moi-même. Et je me demande si je ne vais pas faire chercher Eugénie.

— Ma mère ne sait rien.

— Et vous?

— Moi non plus.

— Il n'y a donc pas de raison que je ne l'interroge pas comme je vous ai interrogé.

— Vous n'avez pas de pitié, commissaire?

— Pour qui?

— Une vieille femme.

— Maria aurait bien voulu devenir une vieille femme aussi.

Il se promena dans le bureau, les mains derrière le dos, mais ce qu'il attendait ne vint pas.

— A toi, Janvier! Moi, je vais m'appuyer la mère.

En réalité, il ne savait pas encore s'il le ferait ou non. Plus tard, Janvier devait raconter qu'il n'avait jamais vu le patron aussi fatigué et aussi grognon que cette nuit-là.

Il était une heure du matin. Tout le monde, dans la maison, avait perdu confiance et, derrière le dos du commissaire, on échangeait des regards navrés.

CHAPITRE

8

Où l'on voit la Grande Perche se laisser tirer les vers du nez, et où Maigret se décide enfin à changer d'adversaire.

MAIGRET SORTAIT DU bureau des inspecteurs pour aller faire un tour chez le traducteur quand un des hommes de l'équipe de nettoyage, qui, depuis une demi-heure, avait envahi les locaux, vint lui dire :

— Il y a une dame qui demande à vous parler.

— Où?

— C'est une des deux qui étaient dans la salle d'attente. Il paraît qu'elle ne se sent pas bien. Elle est entrée, toute pâle comme quelqu'un qui va tourner de l'oeil, dans le bureau que j'étais en train de balayer, et elle m'a demandé comme ça de vous prévenir.

— La vieille dame? questionna Maigret en fronçant les sourcils.

— Non, la jeune.

La plupart des portes qui donnaient sur le couloir étaient ouvertes. Deux bureaux plus loin, le commissaire aperçut Ernestine qui tenait une main sur sa poitrine et fit quelques pas rapides, l'air sombre, une question sur les lèvres.

— Fermez la porte, souffla-t-elle quand il fut près d'elle.

Et, dès que cela fut fait :

— Ouf! C'est vrai que je n'en pouvais plus, mais je ne suis pas malade. J'ai joué la comédie pour avoir une excuse de la quitter un moment. N'empêche que je ne me sens pas tellement bien non plus. Vous n'avez pas quelque chose de raide à boire?

Il dut retourner dans son bureau pour prendre la bouteille de cognac qu'il avait toujours dans son placard. Ne disposant pas de petits verres, il lui versa l'alcool dans un verre à eau et elle l'avala d'un trait, eut un haut-le-coeur.

— Je ne sais pas comment vous tenez le coup avec le fils. Moi, avec la mère, je suis à bout. A la fin, je voyais des papillons me passer devant les yeux.

— Elle a parlé?

— Elle est plus fortiche que moi. C'est justement ce que je tenais à vous dire. Au début, j'étais persuadée qu'elle avalait toutes les bourdes que je lui sortais.

» Puis, je ne sais comment cela a commencé, elle s'est mise à me poser des petites questions qui n'avaient l'air de rien. On me l'a déjà fait à la chansonnette et je me croyais capable de me défendre.

» Avec elle, je n'ai vu que du feu.

— Tu lui as dit qui tu étais?

— Pas exactement. Cette femme-là est terriblement intelligente, monsieur Maigret. A quoi a-t-elle pu voir que j'avais fait le tapin? Dites-moi? Est-ce que cela se reconnaît encore? Puis elle m'a dit :

» — Vous avez l'habitude de ces gens-là, n'est-ce pas?

» C'était de vous autres qu'elle parlait.

» En fin de compte, elle me questionnait sur la vie en prison, et je lui répondais.

» Si on m'avait dit, quand je me suis installée en face d'elle, que c'est moi qui mangerais le morceau, j'aurais refusé de le croire. »

— Tu lui as parlé d'Alfred?

— D'une certaine façon. Sans dire ce qu'il fait au juste. Elle croit qu'il lave des chèques. Ce n'est pas tellement ce qui l'intéresse. Il y a au moins trois quarts d'heure, maintenant, qu'elle m'interroge sur la vie en prison : à quelle heure on se lève, ce qu'on mange, comment se comportent les gardiennes... J'ai pensé que cela vous intéresserait de savoir ça et j'ai imaginé de tourner de l'oeil; je me suis levée en annonçant que j'allais réclamer à boire, que ce n'était pas humain de laisser des femmes poireauter toute la nuit...

» Je peux encore en avoir une gorgée? »

Elle était vraiment fatiguée. L'alcool lui remettait des couleurs aux joues.

— Son fils ne parle pas?

— Pas encore. Elle a fait allusion à lui?

— Elle guette les bruits, tressaille chaque fois qu'on ouvre une porte. Elle m'a posé une autre question. Elle voulait savoir si j'ai connu des gens qui ont été guillotinés. Maintenant que ça va mieux, je vais la rejoindre. Je suis sur mes gardes, cette fois-ci, n'ayez pas peur.

Elle en profita pour se mettre de la poudre, regarda la bouteille sans oser réclamer à boire une troisième fois.

— Quelle heure est-il?

— Trois heures.

— Je ne sais pas comment elle s'y prend. Elle n'a pas l'air fatiguée et se tient aussi droite qu'au commencement de la soirée.

Maigret la laissa partir, prit l'air devant une fenêtre ouverte sur la cour et but une gorgée de cognac à même la bouteille. Quand il traversa le bureau où travaillait le traducteur, celui-ci lui montra un passage qu'il avait souligné dans une lettre.

— Cela date d'un an et demi, dit-il.

Maria écrivait à son amie:

« Hier, j'ai bien ri. G... était dans ma chambre, pas pour ce que tu penses, mais pour me parler d'un projet que j'avais fait la veille d'aller passer deux jours à Nice.

» Ce sont des gens qui ont horreur des voyages. A part une seule fois dans leur vie, ils n'ont jamais quitté la France. Leur unique voyage à l'étranger date du temps où le père vivait encore et où ils sont allés à Londres tous ensemble. Il paraît d'ailleurs qu'ils ont tous eu le mal de mer et que le médecin du bord a dû les soigner.

» Mais ce n'est pas de cela qu'il s'agit. Quand je dis certaines choses qui ne leur plaisent pas, ils ne me répondent pas tout de suite. Ils se taisent, et, comme on dit couramment, on entend un ange qui passe.

» Puis, plus tard ou le lendemain, G... vient me trouver dans ma chambre, l'air ennuyé, tourne autour du pot, finit par m'avouer ce qu'il a sur le coeur. Bref, il paraît que mon idée d'aller à Nice pour le carnaval est ridicule, presque indécente. Il ne m'a pas caché que sa mère en a été choquée et m'a suppliée de renoncer à mon projet.

» Or il se fait que le tiroir de ma table de nuit était justement entr'ouvert. Il y a jeté machinalement un coup d'oeil et je l'ai vu devenir tout pâle.

» — Qu'est-ce que c'est? a-t-il balbutié en me désignant le petit automatique à crosse de nacre que j'ai acheté lors de mon voyage en Egypte.

» Tu te rappelles? Je t'en ai parlé à l'époque. On m'avait raconté qu'une femme seule n'est pas en sûreté dans ces pays-là.

» Je ne sais pas pourquoi je l'ai mis dans ce tiroir. J'ai répondu tranquillement:

» — C'est un revolver.

» — Il est chargé?

» — Je ne m'en souviens pas.

» Je l'ai saisi. J'ai regardé le chargeur. Il n'y avait pas de balles.

» — Vous avez des cartouches?

» — Il doit en exister quelque part.

» — Une demi-heure plus tard, ma belle-mère est arrivée sous un prétexte, car elle ne pénètre jamais dans ma chambre sans une raison quelconque. Elle a tourné longtemps autour du pot, elle aussi, puis m'a expliqué qu'il n'était pas convenable pour une femme d'avoir une arme.

» — Mais c'est plutôt un jouet, ai-je répliqué. Je le garde comme souvenir, parce que la crosse est jolie et que mes initiales y sont gravées. Je pense, d'ailleurs, qu'il ne ferait pas grand mal.

» Elle a fini par céder. Mais pas avant que je lui remette la boîte de cartouches qui était au fond du tiroir.

» Le plus drôle, c'est qu'elle était à peine sortie

que je retrouvais dans un de mes sacs un autre paquet de cartouches que j'avais oublié. Je ne le lui ai pas dit... »

Maigret, qui tenait la bouteille de cognac à la main, en servit au traducteur, puis alla en verser au sténographe et à l'inspecteur qui, pour lutter contre le sommeil, dessinait des bonshommes sur son buvard.

Quand il rentra dans son bureau, dont Janvier sortit automatiquement, ce fut un nouveau round qui commença.

:-:

— J'ai réfléchi, Serre. Je commence à penser que vous n'avez pas menti autant que je le croyais.

Il avait laissé tomber le monsieur, comme si, après tant d'heures de tête-à-tête, une certaine familiarité était de mise. Le dentiste se contenta de le regarder avec méfiance.

— Maria ne devait pas plus disparaître que votre première femme. Vous n'aviez aucun intérêt à sa disparition. Elle avait bouclé ses bagages, annoncé son départ pour la Hollande. Elle se préparait réellement à prendre le train de nuit.

» Je ne sais pas si elle devait mourir chez vous ou seulement une fois dehors. Qu'en pensez-vous? »

Guillaume Serre ne répondit pas, mais son regard était manifestement plus intéressé.

— Si vous préférez, elle devait mourir de mort naturelle, je veux dire d'une mort *pouvant passer* pour naturelle.

» Ce n'est pas ce qui s'est produit, car, dans ce cas, vous n'auriez eu aucune raison de faire disparaître son corps ni ses bagages.

» Il y a un autre détail qui ne colle pas. Vous vous étiez dit adieu. Elle n'avait donc pas à retourner dans votre bureau. Or son cadavre s'y trouvait à un certain moment de la nuit.

» Je ne vous demande pas de me répondre, mais de suivre mon raisonnement. Je viens seulement d'apprendre que votre femme possédait un automatique.

» Je suis prêt à croire que vous avez tiré pour vous défendre. Après quoi vous avez été pris de panique. Vous avez laissé le corps où il était, le temps d'aller chercher votre voiture au garage. C'est à ce moment-là, aux environs de minuit, que la concierge vous a aperçu.

» Ce que je cherche à savoir, c'est ce qui a changé vos plans et les siens. Vous étiez dans votre bureau, n'est-ce pas?

— Je ne me souviens pas.

— Vous me l'avez déclaré.

— C'est possible.

— Je suis persuadé que votre mère, elle, n'était pas dans sa chambre, mais qu'elle se trouvait avec vous.

— Elle était dans sa chambre.

— Vous vous souvenez de cela?

— Oui.

— Donc, vous vous souvenez aussi que vous étiez dans votre bureau? Votre femme n'était pas encore partie pour aller chercher un taxi. Si elle avait ramené un taxi cette nuit-là, nous aurions retrouvé le chauffeur. Autrement dit, c'est avant de quitter la maison qu'elle a changé d'idée et s'est dirigée vers votre bureau. Pourquoi?

— Je l'ignore.

— Vous reconnaissez qu'elle est allée vous voir?

— Non.

— Vous avez tort, Serre. Il y a extrêmement peu d'exemples, dans les annales criminelles, qu'un corps ne soit pas retrouvé, tôt ou tard. Nous retrouverons le sien. Et je suis persuadé, dès maintenant, que l'autopsie révélera qu'elle a été tuée par une ou plusieurs balles. Ce que je me demande, c'est s'il s'agit d'une balle tirée par votre revolver ou d'une balle tirée par le sien.

» Selon le cas, votre affaire sera plus ou moins grave. S'il s'agit d'une balle tirée par le sien, on en conclura que, pour une raison ou pour une autre elle a eu l'idée d'aller vous réclamer des comptes et de vous menacer.

» Question d'argent, Serre? »

Il haussa les épaules.

— Vous vous précipitez sur elle, vous la désarmez et pressez la détente sans le vouloir. Une autre hypothèse est qu'elle ait menacé votre mère et non vous. Une femme ressent plus facilement de la haine pour une autre femme que pour un homme.

» Une dernière hypothèse, enfin, est que votre revolver à vous se soit trouvé, non dans votre chambre, où vous l'avez mis peu après, mais dans le tiroir du bureau.

» Maria entre. Elle est armée. Elle vous menace. Vous entr'ouvrez le tiroir et tirez le premier.

» Dans un cas comme dans l'autre, votre tête n'est pas en jeu. La préméditation n'existe pas, car il est courant de garder un revolver dans un tiroir de bureau.

» Vous pouvez même plaider la légitime défense.

» Ce qu'il reste à expliquer, c'est pourquoi

votre femme, sur le point de partir, s'est précipitée chez vous une arme à la main. »

Il se renversa en arrière et bourra lentement une pipe sans quitter son interlocuteur des yeux.

— Qu'est-ce que vous en pensez ?

— Cela peut durer longtemps, dit Serre avec une sorte de dégoût.

— Vous êtes toujours décidé à vous taire ?

— Je réponds docilement à vos questions.

— Vous ne m'avez pas dit pourquoi vous aviez tiré.

— Je n'ai pas tiré.

— C'est donc votre mère ?

— Ma mère n'a pas tiré non plus. Elle se trouvait dans sa chambre.

— Pendant que vous discutiez avec votre femme ?

— Il n'y a pas eu de discussion.

— C'est dommage.

— Je regrette.

— Voyez-vous, Serre, j'ai cherché toutes les raisons que Maria pouvait avoir de vous réclamer des comptes et de vous menacer.

— Elle ne m'a pas menacé.

— Ne le dites pas trop catégoriquement, car vous regretterez plus tard cette déclaration. C'est vous qui me supplierez ou qui supplierez les jurés de croire que votre vie ou celle de votre mère était en jeu.

Serre eut un sourire ironique. Il était las, un peu tassé sur lui-même, le cou rentré dans les épaules, mais il n'avait rien perdu de son sang-froid. Sa barbe avait poussé, bleuissant ses joues. Le ciel, au-delà des fenêtres, n'était déjà plus aussi sombre et l'air devenait plus frais dans la pièce.

Ce fut Maigret qui eut froid le premier et alla refermer la fenêtre.

— Vous n'aviez aucun intérêt à vous mettre un cadavre sur les bras. *Je veux dire un cadavre qu'on ne puisse pas montrer.* Vous me comprenez bien?

— Non.

— Quand votre première femme est morte, cela s'est passé de telle sorte que vous avez pu appeler le docteur Dutilleux pour rédiger le certificat de décès.

» C'est comme cela que Maria aurait dû mourir, d'une mort apparemment naturelle. Elle avait une maladie de coeur, elle aussi. Ce qui avait réussi avec l'une aurait dû réussir avec l'autre.

» Il y a eu un pépin.

» Voyez-vous, maintenant, où je veux en venir?

— Je ne l'ai pas tuée.

— Et vous n'avez pas fait disparaître son corps ainsi que ses bagages et les outils du cambrioleur?

— Il n'y a pas eu de cambrioleur.

— Je vous mettrai probablement en sa présence dans quelques heures.

— Vous l'avez retrouvé?

Il y avait quand même un peu d'inquiètude dans sa voix.

— Nous avons relevé, dans votre bureau, ses empreintes digitales. Vous avez pris soin d'essuyer les meubles, mais il y a toujours une surface quelconque que l'on oublie. Il s'agit d'un repris de justice, un spécialiste bien connu ici, Alfred Jussiaume, dit Alfred-le-Triste. Il a mis sa femme au courant de ce qu'il avait vu. Elle se trouve maintenant en compagnie de votre mère dans la salle d'attente. Quant à Jussiaume, il est à Rouen et n'a plus aucune raison de se cacher.

» Nous avons déjà la concierge qui vous a vu sortir votre voiture du garage. Nous avons aussi le quincailler qui vous a vendu une seconde vitre mercredi à huit heures du matin.

» L'identité judiciaire fera la preuve que votre voiture a été nettoyée depuis cette date.

» Cela constitue un certain nombre de présomptions, n'est-ce pas ?

» Lorsque nous aurons retrouvé le cadavre et les bagages, ma tâche sera terminée.

» Peut-être, alors, vous déciderez-vous à expliquer pourquoi, au lieu d'un corps pour ainsi dire légitime, vous vous êtes trouvé avec, sur les bras, un cadavre qu'il vous fallait faire disparaître d'urgence.

» Il y a eu un accroc.

» Lequel, Serre ? »

L'homme tira un mouchoir de sa poche, s'essuya les lèvres et le front, mais n'ouvrit pas la bouche pour répondre.

— Il est trois heures et demie. Je commence à en avoir assez. Vous êtes toujours décidé à vous taire ?

— Je n'ai rien à dire.

— Fort bien, fit Maigret en se levant. Il m'en coûte de tourmenter une vieille femme. Je me vois forcé de questionner votre mère.

Il s'attendait à des protestations, tout au moins à une émotion quelconque. Le dentiste ne broncha pas, et il sembla même à Maigret qu'il manifestait un certain soulagement, que ses nerfs se détendaient.

— A toi Janvier. Je vais m'occuper de la mère.

Il en avait réellement l'intention; il ne put la

réaliser tout de suite, car Vacher venait d'arriver, fort excité, un paquet à la main.

— J'ai trouvé, patron ! Cela a été long, mais je crois que ça y est.

Il défit le paquet enveloppé d'un vieux journal, découvrit des morceaux de briques, de la poussière rougeâtre.

— Où?

— Quai de Billancourt, en face de l'île Seguin. Si j'avais commencé en aval au lieu de commencer en amont, il y a des heures que je serais ici. J'ai fait tous les quais de déchargement. Il n'y a qu'à Billancourt qu'une péniche a déchargé récemment de la brique.

— Quand?

— Lundi dernier. Elle est repartie mardi vers midi. Les briques sont toujours là et des gamins ont dû jouer alentour, en casser un certain nombre. De la poussière rouge couvre une bonne partie du quai. Je monte chez Moers?

— J'y vais moi-même.

En passant dans la salle d'attente, il regarda les deux femmes qui se taisaient. On aurait dit, à leur attitude, qu'il y avait maintenant un froid dans leurs relations.

Maigret pénétra dans le laboratoire, où Moers venait de préparer du café, ce qui lui valut d'en boire une tasse.

— Tu as l'échantillon de brique? Tu veux comparer?

La couleur était la même, le grain paraissait identique. Moers se servit de verres grossissants et d'un projecteur électrique.

— Ça colle?

— C'est probable. En tout cas, cela provient de

la même région. J'en ai pour une demi-heure ou une heure à faire l'analyse.

Il était trop tard pour effectuer des recherches dans la Seine. Ce n'est guère qu'au lever du soleil que la brigade fluviale pourrait employer le scaphandrier.

Alors, si l'on retrouvait le corps de Maria, ou seulement les valises et la boîte à outils, le cercle serait fermé.

— Allô ! La Fluviale ? Ici, Maigret.

Il avait toujours l'air de mauvaise humeur.

— Je voudrais que, dès que possible, on fasse des recherches dans la Seine, quai de Billancourt, à l'endroit où des briques ont été déchargées récemment.

— D'ici une heure, le jour sera levé.

Qu'est-ce qui l'empêchait d'attendre ? Aucun jury n'en demanderait davantage pour condamner Guillaume Serre, celui-ci continuât-il à nier.

Sans se soucier du sténographe qui le regardait, Maigret but une large rasade à même la bouteille, s'essuya la bouche, gagna le couloir et ouvrit d'un geste décidé la porte de la salle d'attente.

Ernestine crut que c'était pour elle et se leva d'une détente. Mme Serre, elle, ne bougea pas.

C'est à celle-ci qu'il s'adressa.

— Vous voulez venir un instant ?

Il avait le choix parmi les bureaux vides. Il poussa une porte au hasard, ferma la fenêtre.

— Asseyez-vous, je vous en prie.

Et il se mit à tourner en rond dans la pièce en jetant parfois un regard maussade à la vieille dame.

— Je n'aime pas beaucoup annoncer les mauvaises nouvelles, finit-il par grommeler. A plus forte raison à une personne de votre âge. Vous n'avez jamais été malade, madame Serre?

— A part le mal de mer, quand nous avons traversé la Manche, je n'ai jamais eu besoin de médecin.

— Et, naturellement, vous n'avez pas de maladie de coeur?

— Non.

— Votre fils en a une, n'est-ce pas?

— Il a toujours eu le coeur trop volumineux.

— Il a tué sa femme! prononça-t-il à brûle-pourpoint en levant la tête et en la regardant en face.

— C'est lui qui l'a dit?

Il répugna à employer le vieux truc des faux aveux.

— Il nie encore, mais cela ne servira à rien. Nous avons des preuves.

— Qu'il a tué?

— Qu'il a tiré sur Maria, dans son bureau.

Elle n'avait pas bougé. Ses traits s'étaient un peu figés, on sentait que sa respiration était comme suspendue, mais elle ne donnait pas d'autre signe d'émotion.

— Quelle preuve avez-vous?

— Nous avons retrouvé l'endroit où le corps de sa femme a été jeté à la Seine, ainsi que ses bagages et que les outils du cambrioleur.

— Ah!

Elle n'en disait pas davantage. Elle attendait, les mains figées sur sa robe sombre.

— Votre fils refuse de plaider la légitime défense. C'est un tort, car je suis persuadé que, quand sa femme a pénétré dans son bureau, elle était armée et avait de mauvaises intentions.

— Pourquoi?
— C'est ce que je vous demande?
— Je ne sais rien.
— Où étiez-vous?
— Je vous l'ai dit, dans ma chambre.
— Vous n'avez rien entendu?
— Rien. Seulement la porte qui se refermait. Puis le bruit d'un moteur, dans la rue.
— Le taxi?
— Je suppose que c'était un taxi, puisque ma bru avait parlé d'aller en chercher un.
— Vous n'êtes pas sûre? Cela aurait pu être une auto particulière?
— Je ne l'ai pas vue.
— Cela aurait pu être aussi l'auto de votre fils?
— Il m'a affirmé qu'il n'était pas sorti.
— Vous rendez-vous compte de la différence qui existe entre vos réponses d'aujourd'hui et les déclarations que vous m'avez faites lorsque vous êtes venue spontanément me voir?
— Non.
— Vous étiez sûre que votre bru avait quitté la maison en taxi.
— Je le crois toujours.
— Mais vous n'en êtes plus certaine. Vous n'êtes pas certaine non plus qu'il n'y a pas eu de tentative de cambriolage?
— Je n'en ai vu aucune trace.
— A quelle heure êtes-vous descendue, mercredi matin?
— Vers six heures et demie.
— Vous êtes entrée dans le bureau?
— Pas tout de suite. J'ai préparé le café.
— Vous n'êtes pas allée ouvrir les fenêtres?
— Oui, je pense.

— Avant que votre fils descende?

— C'est possible.

— Vous ne l'affirmez pas?

— Mettez-vous à ma place, monsieur Maigret. Depuis deux jours, je ne sais plus comment je vis. On me pose des questions de toutes sortes. Voilà combien d'heures que je suis dans l'antichambre, à attendre? Je suis lasse. Je fais mon possible pour tenir bon.

— Pourquoi êtes-vous venue cette nuit?

— N'est-ce pas naturel qu'une mère suive son fils en de pareilles circonstances? J'ai toujours vécu avec lui. Il peut avoir besoin de moi.

— Vous le suivriez en prison?

— Je ne comprends pas. Je ne suppose pas que...

— Je pose ma question autrement: si j'inculpais votre fils, prendriez-vous sur vous une partie de la responsabilité de son acte?

— Mais puisqu'il n'a rien fait!

— Vous en êtes sûre?

— Pourquoi aurait-il tué sa femme?

— Vous évitez de répondre directement. Avez-vous la certitude qu'il ne l'a pas tuée?

— Autant que je peux savoir.

— Il y a une possibilité qu'il l'ait fait?

— Il n'avait aucune raison pour cela.

— Il l'a fait! dit-il durement en la regardant en face.

Elle resta comme en suspens. Elle fit:

— Ah!

Puis elle ouvrit son sac pour y prendre son mouchoir. Ses yeux étaient secs. Elle ne pleurait pas. Elle se contenta de passer le mouchoir sur ses lèvres.

— Je pourrais avoir un verre d'eau?

Il dut chercher un moment, car le bureau ne lui était pas aussi familier que le sien.

— Dès que le procureur arrivera au Palais, votre fils sera inculpé. Je puis déjà vous dire qu'il n'a aucune chance de s'en tirer.

— Vous insinuez qu'il...

— Il payera de sa tête.

Elle ne s'évanouit pas, resta rigide sur sa chaise, le regard fixe.

— Sa première femme sera exhumée. Vous savez sans doute qu'on peut retrouver la trace de certains poisons dans un squelette.

— Pourquoi les aurait-il tuées toutes les deux? Ce n'est pas possible. Ce n'est pas vrai, monsieur le commissaire. Je ne sais pas pourquoi vous me parlez ainsi, mais je refuse de vous croire. Laissez-moi lui parler. Permettez-moi d'avoir une conversation en tête à tête avec lui et je découvrirai la vérité.

— Vous avez passé toute la soirée de mardi dans votre chambre?

— Oui.

— Vous n'êtes descendue à aucun moment?

— Non. Pourquoi serais-je descendue, puisque cette femme partait enfin?

Maigret alla se coller un bon moment le front à la vitre, passa ensuite dans le bureau voisin, saisit la bouteille et en but l'équivalent de trois ou quatre petits verres.

Quand il revint, il avait la pesante démarche de Guillaume Serre et son regard buté.

CHAPITRE

9

Où Maigret n'est pas fier de son boulot, mais où il n'en a pas moins la satisfaction de sauver la vie à quelqu'un.

IL ETAIT ASSIS DANS un fauteuil qui n'était pas le sien, les deux coudes sur la table, sa plus grosse pipe à la bouche, les yeux fixés sur la vieille dame qu'il avait comparée à une Mère supérieure.

— Votre fils, madame Serre, n'a tué ni sa première femme, ni sa seconde femme, dit-il en détachant ses syllabes.

Elle fronça les sourcils, surprise, mais il n'y eut aucune joie dans son regard.

— Il n'a pas non plus tué son père, ajouta-t-il.

— Qu'est-ce que...?

— Chut!... Si vous le permettez, nous allons liquider ça aussi proprement que possible. Ne nous occupons pas des preuves pour le moment. Elles viendront en leur temps.

» Nous n'insisterons pas non plus sur le cas de votre mari. Ce dont je suis à peu près certain, c'est que votre première bru a été empoisonnée. Je vais plus loin. Je suis persuadé qu'il ne s'agit ni d'arsenic, ni d'aucun des poisons violents qu'on emploie d'habitude.

» Que je vous dise en passant, madame Serre, que les empoisonnements sont, neuf fois sur dix oeuvre de femmes.

» Votre première bru, comme la seconde, souffrait d'une maladie de coeur. Votre mari en avait une aussi.

» Certaines drogues, que des personnes en bonne santé supportent sans trop d'inconvénient, peuvent devenir mortelles pour des cardiaques. Je me demande si Maria ne nous a pas donné la clef de l'énigme dans une de ses lettres à son amie. Elle y parle d'un voyage que vous avez effectué jadis en Angleterre avec votre mari et souligne que vous avez tous souffert du mal de mer, à tel point que le médecin du bord a dû vous soigner.

» Que donne-t-on en pareil cas?

— Je l'ignore.

— C'est peu probable. On a l'habitude de donner de l'atropine sous une forme ou sous une autre. Or une dose un peu forte d'atropine peut être fatale à un cardiaque.

— De sorte que mon mari...

— Nous en reparlerons, même s'il est impossible d'en établir la preuve. Votre mari, les derniers temps de sa vie, menait une vie désordonnée et dissipait sa fortune. Vous avez toujours eu peur de la misère, madame Serre.

— Pas pour moi. Pour mon fils. Ce qui ne signifie pas que j'aurais...

— Plus tard, votre fils s'est marié. Une autre femme a vécu dans votre maison, une femme qui, du coup, portait votre nom et avait les mêmes droits que vous.

Elle pinça les lèvres.

— Cette femme, qui avait, elle aussi, une maladie de coeur, était riche, plus riche que votre fils, plus riche que tous les Serre réunis.

— Vous prétendez que je l'ai empoisonnée après avoir empoisonné mon mari?

— Oui.

Elle eut un petit rire forcé.

— J'ai sans doute aussi empoisonné ma seconde bru?

— Celle-ci s'en allait, découragée, après s'être en vain efforcée de vivre dans une maison qui lui restait étrangère. Probablement emportait-elle son argent. Comme par hasard, elle avait une maladie de coeur.

» Voyez-vous, depuis le début, je me demande pourquoi son corps a disparu. Si elle avait été seulement empoisonnée, il aurait suffi d'appeler un médecin qui, étant donné l'état de santé de Maria, aurait conclu à une crise cardiaque. Peut-être même cette crise devait-elle se produire plus tard, dans le taxi, à la gare ou dans le train.

— Vous paraissez sûr de vous, monsieur Maigret.

— Je sais qu'un événement s'est produit qui a forcé votre fils à tirer sur sa femme. Supposez que Maria, au moment d'aller chercher un taxi, ou, ce qui est plus probable, au moment de téléphoner pour en appeler un, ait ressenti certains symptômes.

» Elle vous connaissait tous les deux, pour avoir vécu deux ans et demi avec vous. Elle a beaucoup lu, les ouvrages les plus disparates, et je ne serais pas surpris qu'elle ait acquis certaines connaissances en médecine.

» Se sachant empoisonnée, elle est entrée dans le bureau de votre mari, où vous vous trouviez.

— Pourquoi affirmez-vous que je m'y trouvais?

— Parce que c'est fatalement à vous qu'elle s'en est prise. Si vous aviez été dans votre chambre, elle serait montée.

» J'ignore si elle vous a menacée de son revolver ou si elle a simplement tendu la main vers le téléphone pour alerter la police...

» Il ne vous restait qu'une issue: l'abattre.

— Et, d'après vous, c'est moi qui...

— Non. Je vous ai déjà dit que c'est vraisemblablement votre fils qui a tiré, ou qui, si vous préférez, a achevé votre besogne.

L'aube mêlait une lueur sale à la lumière des lampes. Les traits des visages en étaient plus burinés. La sonnerie du téléphone résonna.

— C'est vous, patron? J'ai terminé l'analyse. Il y a toutes les chances pour que la poussière de brique prélevée dans l'auto provienne de Billancourt.

— Tu peux aller dormir, petit. C'est fini pour toi.

Il se leva une fois de plus, tourna en rond.

— Votre fils, madame Serre, est décidé à prendre tout sur lui. Je ne vois aucun moyen de l'en empêcher. S'il a été capable de se taire pendant autant d'heures, il sera capable de se taire jusqu'au bout. A moins...

— A moins...?

— Je ne sais pas. Je pensais à voix haute. Il y a deux ans, j'ai eu un homme aussi fort que lui dans mon bureau et, à la quinzième heure, il n'avait pas desserré les dents.

Il ouvrit la fenêtre d'un geste brusque, avec une sorte de rage.

— Il a fallu vingt-sept heures et demie pour lui briser les nerfs.

— Il a parlé?

— Il a tout raconté sans reprendre haleine, comme s'il se soulageait.

— Je n'ai empoisonné personne.

— Ce n'est pas à vous que je demande la réponse.

— C'est à mon fils?

— Oui. Il est persuadé que vous n'avez agi que pour lui, moitié par crainte de le voir sans ressources, moitié par jalousie.

Il dut faire un effort pour ne pas lever la main sur elle, malgré son âge, car un sourire involontaire venait de se dessiner sur les lèvres minces de la vieille femme.

— Or c'est faux! laissait-il tomber.

Alors, se rapprochant d'elle, les yeux dans les yeux, son souffle sur le visage de la femme, il martela:

— Ce n'est pas pour lui que vous avez peur de la misère, c'est pour vous! Ce n'est pas pour lui que vous avez tué et, si vous êtes ici cette nuit, c'est parce que vous aviez peur qu'il parlât.

Elle essayait de reculer, se renversait sur sa chaise, car le visage de Maigret s'avançait vers le sien, dur, menaçant.

— Peu importe qu'il aille en prison, et même qu'il soit exécuté, si vous avez la certitude de rester en dehors du coup. Vous êtes persuadée que vous avez encore des années à vivre, dans votre maison, à compter votre argent...

Elle avait peur. Sa bouche s'ouvrait comme pour appeler à l'aide. Soudain, Maigret, d'un geste imprévu, brutal, arracha de ses vieilles mains le sac auquel elle se cramponnait.

Elle poussa un cri, s'élança pour le reprendre.

— Asseyez-vous.

Il fit jouer le fermoir en argent. Tout au fond, sous les gants, sous le portefeuille, sous le mouchoir et la boîte à poudre, il trouva un papier plié qui contenait deux comprimés blancs.

Un silence d'église ou de grotte les entourait. Maigret laissait son corps se détendre, s'asseyait, pressait un timbre électrique.

Quand la porte s'ouvrit, il prononça, sans un coup d'oeil à l'inspecteur qui se présentait:

— Dis à Janvier de le laisser.

Et, comme le policier restait là, étonné:

— C'est fini. Elle avoue.

— Je n'ai rien avoué du tout.

Il attendit que la porte se fût refermée.

— C'est la même chose. J'aurais pu pousser l'expérience jusqu'au bout, vous accorder le tête-à-tête avec votre fils que vous me demandiez. Vous ne trouvez pas que c'est assez de cadavres pour une seule vieille femme?

— Vous voulez dire que j'aurais...

Il jouait avec les comprimés.

— Vous lui auriez donné son médicament, plus exactement ce qu'il aurait pris pour son médicament, et il n'aurait plus jamais risqué de parler.

Des aigrettes de soleil commençaient à se montrer sur l'arête des toits. Le téléphone sonna encore.

— Commissaire Maigret? Ici, la Fluviale. Nous sommes à Billancourt. Le scaphandrier vient de faire une première plongée et a découvert une malle assez lourde.

— Le reste viendra aussi ! dit-il sans curiosité.

Un Janvier épuisé et surpris s'encadrait dans la porte.

— On me dit...

— Emmène-la au dépôt. L'homme également, pour complicité. Je verrai le procureur dès qu'il arrivera.

Il ne s'occupa plus d'eux, ni de la mère, ni du fils.

— Vous pouvez aller vous coucher, dit-il au traducteur.

— C'est fini?

— Pour aujourd'hui.

Le dentiste n'était plus là quand il pénétra dans son bureau, mais il y avait des bouts de cigares très noirs dans le cendrier. Il s'assit dans son fauteuil et il allait s'assoupir, quand il se souvint de la Grande Perche.

Il la trouva dans la salle d'attente, où elle s'était endormie, lui secoua l'épaule et, d'un geste instinctif, elle redressa son chapeau vert.

— Ça y est. Tu peux aller.

— Il a avoué?

— C'est elle.

— Comment? C'est la vieille qui...

— Plus tard ! murmura-t-il.

Puis, se retournant, car il était pris d'un scrupule.

— Et merci ! Quand Alfred reviendra, conseille-lui...

A quoi bon? Rien ne guérirait le Triste de sa

manie de cambrioler les coffres-forts qu'il avait installés jadis, ni d'avoir, chaque fois, la conviction que c'était la dernière et qu'il allait cette fois vraiment vivre à la campagne.

A cause de son âge, la vieille Mme Serre ne fut pas exécutée et quitta les Assises avec la mine satisfaite de quelqu'un qui va mettre enfin de l'ordre dans la prison des femmes.

Quand son fils sortit de Fresnes, après deux ans, il se dirigea droit vers la maison de la rue de la Ferme et, le soir même, fit dans le quartier le tour qu'il s'était habitué à faire au temps qu'il avait un chien à promener.

Il continua d'aller boire du vin rouge dans le petit bar et, avant d'y pénétrer, de regarder anxieusement des deux côtés de la rue.

FIN

8 mai 1951.

Achevé d'imprimer en juillet 1985
sur les presses de l'Imprimerie Bussière
à Saint-Amand (Cher)

— N° d'édit. 327. — N° d'imp. 1857.. —
Dépôt légal : 2e trimestre 1957.

Imprimé en France